KB138173

여행은
사실
고생이지

여행은 사실 고생이지

정기호 지음

사금의무늬

차례

아직은 괜찮아

정년퇴임을 앞두고 유럽 여행을 떠났다. 여행이 끝나가던 즈음 아내가, 이만하면 우리 여행도 할 만큼 한 것 같으니 이제 그만해도 되지 않겠냐고 했다. 오십 줄에 들면서 시작해 지금까지 충분히 넘치도록 다녔으니 여기서 그만둔다고 해도 아쉬울 건 없다만 중요한 건 정년까지 열심히 다녔다거나 그런 게 아니었다. 아내인들 어디 그걸 몰라 그랬겠나. 이제 그런 짐은 내려놓아도 되지 않겠느냐는 배려였다 하더라도 정년퇴직이 뭐 그리 별스러운 거라고 그걸 두고 큰 짐을 덜자거나 새로 시작하자거나 하며 굳이 의미를 부여하고 그럴 건 아니지 않는가.

여행은 일상에서 벗어나 "휴식하고 재충전하는" 시간이지만 휴식과 재충전으로 치자면 우리의 여행은 남들과는 비교가 안 될 만큼 넘치도록 과했다. 교수에게 방학은 쉬는 시간이 아니라 강의는 없지만, 연구나 대학원 논문 지도에 집중하고 다음 학기 강의 준비를 하느라 학기 중보다 더 분주해진다. 우리에게 여름 방학의 절반은 유럽 문학 현장을 찾아 나서는 데 할애된 시간이었다. 아내는 춥다고 엄살이었지만 나는 덥지 않아 좋았고, 단풍이 물든 계절감은 없지만 적당히 쌀쌀하고 쾌청한 초가을 날씨 같아서 피서 아닌 피서였다. 원체 추위와 쓸쓸함을 못 견뎌 하는 성격이어서 겨울 여행을 하지 못한 게 아쉽긴 했지만 그건 문제 될 게 아니었다.

첫 여행을 떠났던 건 2003년이었다. 퇴직 후에도 다른 사람 눈치 보지 않고 계속할 수 있는 게 뭘까 찾던 중이었다. 여행이라면 괜찮을 것 같다는 생각이 들었지만 이게 실현될 일인지 장담할 수 없었다. 가장 걱정된 건 여행 중 둘이서 다투지 않을까 하는 것이었지만 그런 일은 전혀 없었다. 그때만 해도 호텔을 미리 예약할 수 있는 수단도 마땅치 않아 일일이 현지에서 해결해야 했다. 호텔 잡는 것부터 목적지를 찾아가는 길, 어느 것 하나 쉽게 이루어진 게 없다 보니 다투거나 뜻이 맞지 않는다거나 그럴 수 있는 여유조차 사치스러웠다. 어떤 이유로든 첫해 여행에서 한 번도 다투지 않은 건 분명 성공이었다. 두 번째 여행도 그랬다. 세 번째 여행에서 독일 하노버에 머물고 있던 때였다. 하노버에서 베를린은 기차로 두 시간 거리인

아직은 괜찮아

데, 늦은 오후였지만 마침 그날치 유레일패스 유효 시간도 넉넉해서 잠깐 다녀올 생각이었다. 객실에는 승객이 없어 조용했다. 대각선 방향으로 몇 줄 앞자리에 일본인으로 보이는 일흔 정도의 노부부가 간편한 차림으로 단정하게 앉아 창밖을 보고 있었다. 아내가 혼잣말처럼, "우리도 나중에 저들처럼 조용히 여행을 할 수 있으려나." 하고 말했다. 내가 그리던 은퇴 후의 큰 그림이 딱 그런 것이었지만 그냥 무심한 듯 툭 던졌다.

"그래? 그러지, 뭐!"

그렇게 우리는 방학을 이용해 꾸준히 여행을 했다. 이런 여행 아이디어는 독창적으로 나온 게 아니었다. 오래전 신문에서 읽은 기사가 하나 있었다. 남편이 정년퇴직을 하자 학교 교사인 아내와 방학을 이용하여 함께 여행을 하다가 어느덧 세계 일주까지 했다는 이야기였다. 그분들이 이 계통에서는 거의 효시가 아니었을까 싶고 내가 이런 여행을 구상하는 롤 모델이었다.

우리 여행은 모두 유럽에 한정되어 있어서 그분들처럼 세계 각국의 다양한 풍물들을 만나며 폭넓은 경험이나 이야기를 쏟아낼 수는 없다만 그래도 그간 다닌 여행들을 한자리에 죽 벌려 놓고 보니 생각보다 다양했다. 여행 초기에는 연구나 강의 준비에 비중을 두다 보니 여행지도 한정되어 있었다. 아내의 전공인 독문학과 내 전공인 경관론을 묶어 독일어권의 "문학 현장의 경관"을 살피는 데 집중하였다. 아내는 도서관을 찾아다녀야 해서 대학 도서관이 있는 곳이나 독일 문학과 관련된 현장을 중심으로 했다. 그러다가 최근에는 걷는 데 중점을 두어 '걷기 좋은 곳'을 찾아다니기 시작하면서 독일어권을 벗어나 영국, 프랑스, 이탈리아, 스위스 등으로 확대되었다. 도시보다는 자연 가까이에서 자유롭게 트레킹을 하는 쪽으로 바뀌어 갔다.

등대는 길라잡이 안내자로서 방향잡이일 뿐 항해의 목적일 필요가 없듯이, 우리 여행도 특정 주제를 중심으로 목표는 세우되 거기 얽매이지 않도록 애를 썼다. 자유로이 다니다 보면 여행 가이드북도 필요하지 않다. 산을 오르되 정상에 오르는 것을 목적으로 하지 않고 천천히 걸어서 어딘가를 향해 가되 느긋하게 자연 풍광을 즐기는 식이었다. 웬만한 장거리가 아니면 버스를 타지 않고 조금 돌아가더라도 숲길을 따라 걷거나 언덕을 올라 다니다 보니 절로 주위의 자연 풍광 속에 빠져들었고 온몸을 채우고 있던 복잡한 생각들도 비워졌다.

여행은 쉬이 할 수 있는 게 아니기에 '여행'이란 말을 떠올리는 것만으로도 가슴 뛰는 좋은 것이다. 그런데 아직도 생생히 기억되는 대부분은 고생을 잔뜩했던 일들이었다. 즐거운 때보다는 애먹은 때가 훨씬 더 많았다. 따뜻하게 햇살이 난 날도 있었지만 대부분 비가 오거나 바람 부는 날이었다. 여행지에서 가져온 즐거웠던 기억들을 오래도록 간직하고 싶지만, 고생을 할수록 그래서 인내하는 시간 끝에 오는 잠시 동안의 좋았던 순간이 생생한 기억으로 남았다.

아내와 나는 돌아가면서 상태가 좋지 않았다. 그걸로 주저앉지 않도록 자극해 준 것도, 그걸 이겨내게 한 것도 여행이었다. 돌아보면 세상의 어수선한 일들을 외면하고 싶었던 때도 있었다. 피상적으로 스쳐 지나는 모든 일들을 피하고 싶었고 그래서 내가 해야 할 일이 아니라 여겨지는 모든 일로부터 멀어지고 싶던 때도 있었다. 누구도 나를 대신해 줄 수 없기에 나를 두르고 있는 모든 것으로부터 초연히 의연하려 했지만 참고 드러내지 않는 걸로 치유될 일이 아니었다. 그런 모든 일들이 쌓여 나도 모르게 안으로 움츠러들고 있었다. 진정 다행이었던 건 여행지에서 만난 여러 예술가들의 이야기에서 동병상련하는 마음을 가질 수 있었다는 것이다. 세잔이 꼭 나와 같았을 것 같았고 워즈워스에게서도 그런 공감을 했던 것 같다. 헤르만 헤세Hermann Hesse(1877~1962)는 정확히 우리의 갈 길을 보여주었다. 이렇게 소소하게 나를 스쳐 지나간 작은 일들로 나는 힐링되고 있었다.

아직은 괜찮아

나는 생각만큼 자상하지 않고 아내는 생긴 만큼 말이 없다. 그런 우리도 여행 동안에는 이것저것 이야기를 나누었다. 이야기가 그리 많다거나 대단하지는 않았지만 그래도 그게 다 여행길이었으니 가능했다. 아이들과도 그랬다. 평소 집에서 아이들과 함께하는 시간이 별로 없었다. 여행이 아이들과의 직접적인 대화를 이어주거나 그런 건 아니었다. 여행 중 가족 대화방에 매일 사진 한 장을 올렸다. 하나같이 저네 엄마가 벤치에 누워 있거나 뭘 열심히 먹느라 우스꽝스러운 것들이었지만 그런 사진 하나로 우리가 잘 지내고 있다는 소식을 대신했다. 아이들은 간단히 이모티콘 하나로 답했지만 이 녀석들 굶지 않고 잘 지내고 있겠지 알아차리는 데 도움이 됐다. 가족 간의 소통이 그 정도면 충분히 순수해진 것 아닌가? 무뚝뚝한 아버지와 아주 자상하지는 않은 엄마, 나름대로 각각 제 개성을 가지고 있는 큰아이와 작은아이, 어느 가족에서나 흔히 볼 수 있는 구성의 우리 가족이 그럭저럭 함께할 수 있는 시간을 만들어 간 것도 모두 여행 덕분이었다.

칠십을 넘어서 팔십까지 오래도록 함께 여행하자는 게 우리의 목표다. 목표를 이루려면 여행 기간을 조금 줄이고 한 템포 늦추어 좀 더 여유로움을 갖출 필요가 있다. 4주 여행을 3주 정도로 줄였다가 점차 2주 정도까지 줄이고, 계속 오지나 산골의 새로운 곳을 찾아다니며 길 찾느라 애쓰고 그럴 게 아니라 전에 가 본 곳 중에서 특별한 기억이나 인상이 박힌 곳들을 다시 찾아가 사람사는 일상의 모습들을 처처히 둘러보며 그간 바뀐 모습을 짚어보고 때때로 인근의 새로운 곳들을 찾아가 보는 거다.

얼마간의 세월이 더 흘러 유럽이 쉽게 오갈 수 없는 먼 곳이라 느껴지는 시점이 오겠지만 아직은 문제가 없다. 물론 요즘은 예전 같지 않게 시차 적응도 조금씩 힘에 부치고 열 시간이 넘는 오랜 비행시간도 만만치 않다. 적당한 때가 오면 우리의 몸과 마음이 따라주는 만큼 여행지나 목적을 유럽에 한정할 필요 없이 탄력적으로 잡아도 괜찮지 않겠나 싶지만, 그 역시 아직은 아닌 것 같다.

어릴 때부터 그림 그리기를 좋아해서 한때 미대를 갈까 생각도 했지만 좋아하는 것과 잘 하는 건 전혀 별개란 걸 깨닫고 일찌감치 그 생각을 접었다. 물론 미술학원 같은 데서 제대로 배운 적도 없었다. 책 가장자리 빈자리나 노트 뒷장부터 낙서로 채우기는 했지만 내가 그린 그림을 다른 사람들에게 내보인 거라고는 고1 미술 시간에 크로키 몇 번 미술실 벽에 내붙였던 게 전부였다.

내심 내가 그린 그림을 누군가에게 내보이고 싶은 생각이 없진 않았던 모양인지, 이번 책의 원고 방향을 놓고 이런저런 걸 의논하다가 꼭꼭 숨겨 놓았던 그런 속내를 담당 편집자가 읽어버렸다. 이번 책에는 내가 만든 그림을 몇 점이라도 신자는 제안이 나오고, 장담을 못하니 일단 생각만 해보자며 발을 뺀 듯 만 듯 그러다가 결국 여기까지 일이 커져 버렸다. 자신도 없고 걱정도 되었다만 뭐 전문 삽화가도 아니고 저자로서 여행담에 어울리는 삽화를 좀 넣는 건데 이 정도면 우사는 아니지 않느냐고 아내가 추켜 주는 통에 에라 모르겠다며 용기를 내긴 했다만, 아무래도 나를 감싸온 외투를 훌쩍 벗어버린 것 같아 쑥스럽다.

식구들 눈에 띄지 않게 어디든 시골 한적한 곳에 내려가 며칠씩 묵으며 그림도 그리고 산책도 하며 휴가 아닌 휴가 시간도 가졌다. 몇 차례 그러면서 그림 분량도 조금씩 늘려 가고, 그러는 가운데 나 혼자의 조용한 시간도 가지게 되었다. 카페에 앉아서 남의 눈을 의식하지 않고 한두 점씩 끍적거릴 정도가 되려면 아직 얼마나 더 있어야 할지 모르겠다. 영원히 그럴 일이 생기지 않을지도 모르지만, 언제든 다른 사람들 앞에서도 서슴없이 크로키를 할 만큼 뻔뻔해지기를 기다려 여행 중 기차에서든 카페에 앉아서든 주변 사람들을 그리며 사람들을 즐겁게 해 줄 일을 상상해 보기도 한다.

둘이 합쳐 종합 병원

알루미늄 접이의자

집에서 1시간 거리에 작은 산사가 있어서 주말이면 한나절 정도 나들이를 다녀온다. 11시쯤 집을 나서서 돌아오는 길에 메밀국수나 돌솥비빔밥으로 늦은 점심을 해결하고 오면 오후 4시쯤 된다. 전날 비가 많이 왔으면 계곡물이 불어서 세찬 물소리를 들을 수 있고 운이 좋으면 물잠자리나 짝을 이룬 청둥오리를 만나기도 한다. 가슴 벅차게 감흥을 주는 대단한 풍경이 있는 건 아니지만 풀벌레 소리 들으며 걷기에 괜찮고, 또 예전 어디선가 마주쳤던 여행 기억을 떠올리기에도 좋다.

아침부터 꽤 많은 비가 왔다. 곧 그치겠지 싶어 그냥 가기로 했다. 우산을 들고 가는 게 번거롭고 바지나 신발이 젖어 귀찮지만 땡볕에 땀범벅이 되는 것보다는 낫다는 생각이었다. 빗줄

둘이 합쳐 종합 병원

기가 거세어졌다. 지나다니는 사람도 없고 우리 앞뒤로 온 천지에 아내와 나, 둘뿐이었다. 마침 발치에 새끼 달팽이가 하나 열심히 산책로를 가로질러 행군을 하고 있었다. 오늘 중에 여길 건너갈 수나 있을까 싶어 좀 도와줄까 하다가 어차피 오늘 같은 날엔 지나다닐 사람도 없을 테니 진종일 걸리면 어때, 그냥 제 갈 길 가게 놔두기로 했다. 갑자기 아내가 물었다.

"그게 어디였었지? 왜, 담에 달팽이 붙어 있던 데……."

프랑스 남부 아를 외곽에 물기 하나 없이 흙먼지만 가득한 길가에 나무줄기마다 새하얗게 말라붙어 있던 달팽이를 말하는 건 아닐 테고, 스위스 마이엔펠트의 포도밭 돌담에 붙어 있던 촉촉하게 습기를 먹은 달팽이들을 두고 하는 이야기겠지?

요한나 슈피리의 소설 『하이디』(1880)는 스위스 마이엔펠트의 산장을 무대로 한다. 20세기 초 제작된 동명의 영화가 미국에서 열풍을 일으켰다. 일본에서 만든 TV애니메이션 시리즈 《알프스의 소녀 하이디》(1974)가 전 세계로 번역되어 보급되면서 하이디의 무대 마이엔펠트가 널리 알려지게 되었다.

마이엔펠트 시내를 벗어나 하이디 마을 되르플리로 가는 길로 접어들면 완만하지만 꾸준히 오르막이 되는 길이 나오고 길

옆으로 돌담을 쌓아 경계를 지어 놓은 포도밭이 펼쳐진다. 무심코 스쳐지날 땐 몰랐는데 막 솟아나는 포도 순을 살피다가 돌담 구석구석에 떼 지어 붙어 있는 달팽이들을 만났다. 독일에서는 온 숲의 축축한 바닥을 뒤덮고 있는 달팽이들이 모두 집 없는 민달팽이였기에 유럽의 달팽이들은 모두 그런 줄 알았다. 겨우 한 발짝 남쪽으로 내려왔을 뿐인데 스위스에서 집달팽이를 만나는 게 신기했다. 두세 걸음도 떼지 못하고 한 번씩 달팽이들을 들여다보느라 시간을 지체하고 있었다. 비싼 항공료에 적지 않은 숙박비, 황금 같은 시간을 쪼개어 유럽까지 날아와 몰두한다는 게 기껏 돌담에 붙어 있는 달팽이라니 좀 뭣하긴 하다만, 달팽이는 우리의 남다른 기억을 떠올리게 한다.

　여행을 시작한 지 몇 해가 되어 우리의 여행도 거의 정례적으로 자리를 잡아가던 즈음이었다. 겨울 방학이 거의 끝나고 곧 새 학기 개강이 가까워 오던 때 아내가 구급차에 실려 갔다. 전부터 말썽이던 척추가 제대로 탈이 났다. 병원에서는 일단 시술을 하고 경과를 보자고, 혹시 재발하면 그때는 수술을 해야 한다고 그랬다. 당시에는 수술과 시술의 차이가 뭔지도 몰랐다. 어쨌든 시술은 수술보다 덜한 건가 보다, 그러니 증세가 덜한 건가 위안을 했다. 시술은 잘 되었다고 그랬으니 경과를 지켜봐야 할 일이지만, 병실 침대마다 재수술을 하러 왔거나 재발하여 수술을 했다는 사람들로 가득한데 수술을 한다고 반드시 완쾌된다는 보장도 없는 것 같았다. 몇 차례 재수술한 사람도 적지 않았고 아파서 잠을 잘 수 없을 지경이라는 사람까지, 마음 편히 바라볼 수 없었다. 결국은 언젠가는 수술을 해야 하는 게 정해진 수순 같다는 느낌을 받았다. 시술 후의 통증이야 진통제도 쓰면서 어떻게든 이겨내겠지만 재발과 수술에 대한 심리적 압박은 누구도 어떻게 해줄 수 없었다.

시술을 하고 입원실에 있던 동안 캐나다 밴쿠버에서 동계올림픽이 열리고 있었다. 김연아 선수가 출전한 여자 피겨 마지막 경기가 중계되고 있을 때 나는 버스를 타고 병원으로 가던 중이었다. 김연아 선수의 파이널 경기가 거의 끝나가는데 내려야 했다. 경기 결과 점수며 메달의 색깔이며 결정적인 소식이 나오기 직전이었다. TV 모니터를 찾아 지하철역으로 달려갔으나 이미 중계는 끝났고 모여 있던 사람들도 뿔뿔이 흩어지는 참이었다. 다들 무표정한 게 도무지 즐거워하는 표정이 아니었다. 정황으로 봐서는 안 좋은 결과가 벌어진 것 같은데 사람들을 붙잡고 물어보기도 조심스러웠다. 답답한 심정으로 병실에 들어갔더니 침대에 앉아 있던 아내가 환하게 반겨주며 "금메달 땄어요." 그랬다. 허리가 아프지 않아 그런 건지 김연아 선수 소식 덕분인지 그렇게 환하고 편해 보이는 아내의 얼굴은

최근에 처음이었다. 아내는 이튿날 퇴원을 했다.

주위에 허리 때문에 수술을 했거나 입원을 했던 사람이 없어 무조건 조심해야 할 것 외에는 달리 뭘 어떻게 해야 할지도 모르겠고 며칠을 조심스러움으로 지냈다. 무슨 물건 같은 걸 들거나 오래 서 있거나 바닥에 앉아도 안 되었다. 그런 건 어떻게든 조심하면 될 일이지만 문제는 며칠 안 있어 개강인데 이번 학기 강의를 해낼 수 있을지 걱정이었다. 아내는 모교에 출강을 하고 있었다. 버스와 지하철, 그리고 지하철을 한 번 더 환승하여 학교까지는 두 시간이 넘게 걸렸다. 출근 시간에 제대로 자리에 앉을 수나 있을까, 무거운 가방까지 들고 무리를 해도 괜찮을지 걱정이었다. 시간 강사로서 나이도 적지 않은데 여기서 한 학기를 쉬는 건 결코 바람직하지 않았다. 당장의 그런 상황을 어찌하지 못하고 있었지만, 출강 첫 날 마침내 강의가 없어 가방도 들어줄 겸 아내의 출강 길에 동행하기로 했다. 가다가 정 힘들면 그때 포기하고 돌아오면 되지, 까짓것. 당분간 아내가 혼자서도 괜찮다 싶을 때까지 강의 나가는 날은 동행할 요량이었다.

다행히 출근 시간이 조금 지난 때라 지하철도 생각보다 덜 복잡했다. 양해를 구하여 자리를 하나 양보 받고 아내를 앉혔다. 옆에 앉았던 사람이 덩달아 자리를 내주어 염치 불구하고 나도 편히 자리를 차지했다. 한 차례 더 환승을 하고 또 한참을 가야 했다. 강의가 끝나는 시간에 맞춰 다시 오기로 하고 강의실 부근에서 아내와 헤어졌다. 교정을 한 바퀴 둘러보고는 가까운 찻집에 자리 잡고 앉았다가 끝나는 시간에 맞춰 강의실 앞으로 갔다. 강의를 끝내고 나오는 아내의 표정이 밝았다. 내가 동행한 건 그 하루였고 이후 아내는 혼자 상황을 잘 이겨냈다.

아내가 출강을 시작하던 즈음 딸아이가 독일로 3개월 어학연수를 떠나야 했다. 혹시나 주저할까 네가 있다고 엄마가 빨리 나을 건 아니니 걱정 말고 잘 준비해서 떠나라고 했고 딸은 4월쯤 출국했다. 아내는 물리 치료를 받으며 조심스럽게 별 탈없이 강의도 잘하고 있었지만 내게는 아직 해결해야 할 문제가 있었다. 이번 여행은 어떻게 하지? 건강한 사람도 11시간의 긴 비행시간 동안 좁은 좌석에 앉아 있는 건 무리인데 괜찮을까, 중간에 자주 일어나 앞뒤 통로를 따라 부지런히 움직여 준다고 하더라도 아무 문제없이 장시간 여행을 해낼 수 있을까. 비즈니스 클래스라면 좀 나을지도 모르지만 우리 처지에 그건 엄두도 못 낼 일이었다. 그해 여행은 그만둘까 싶었다. 허리란 게 감기처럼 훌 털고 일어나는 게 아니라 몇 년 혹은 평생달고 가야 할 문제다 보니 한 해 건너뛴다고 크게 달라질 것도 아니었다.

　걱정을 하자면 문제될 게 허리만이 아니었다. 이것저것 걱정을 하다 보면 끝이 없다. 독일에 가 있는 딸아이도 보고 이 참에 여행이라도 같이 하면 좋지 않겠냐고 제안을 했다. 딸과 함께 지내는 데 의미를 두자는 내 말에 아내도 좋은 아이디어라며 동조했다. 헤어진지 몇 달 되지도 않았는데, 딸아이는 그 저 명분이었고 어떻게든 여행을 떠날 이유를 달았을 뿐이었지만, 일단은 아이가 어학연수를 받고 있는 라이프치히로 가서 거기서 며칠 있으면서 주변 가까운 곳들을 돌아보고 연수가 끝나는 걸 기다렸다가 딸과 함께 여행도 하기로 했다. 아이가 귀국하는 길에 제 엄마와 동행하면 그것도 나쁘지 않겠다는 나름대로 괜찮은 시나리오였다.

　거기까지 의견이 하나로 모아졌다. 그 이후 사전 준비나 숙소를 잡는 거라든지, 멀리 많이 다니지 않을 건데 그래도 유레일패스를 만들어야 할지, 아직 일어나지도 않은 문제를 미리 걱정하고 해결하는 일은 순전히 내 몫이었다. 그래 별일 없을 거다. 오랜 기차 여행은 피하되 한 번에 두 시간 이상의 기차 여행은 하지 않으면 큰 무리는 없을 거다.

　문제는 하이디 마을이었다. 라이프치히에서 마이엔펠트는 너무 멀었다. 기차로 이동하더라도 일고여덟 시간은 걸린다.

환승에 걸리는 시간까지 감안하면 거의 종일 기차에 매달려 있어야 했다. 마이엔펠트로 곧바로 갈 게 아니라 다른 여행지 몇 곳에 들러 하룻밤씩 자며 남쪽으로 조금씩 거리를 좁히고, 마지막으로 한 번 더 쉬어갈 요량으로 어디에서든 느긋하게 점심 식사도 하면서 푹 쉬었다 가면 될 거 아닌가. 두 시간이란 승차 시간도 내가 세운 기준일 뿐이었지만 그런 식으로 완벽한 시나리오와 여행 일정이 짜였다. 그리고 그해 여행을 떠났다. 프랑크푸르트 공항까지 10시간의 비행과 다시 라이프치히까지 기차 여행도 별 탈 없이 잘 해냈다. 딸아이가 잡아 놓은 역 앞의 호스텔에 도착하니 한밤중이었다.

우리가 유럽 여행을 시작한 것은 그로부터 7년 전이었다. 나중에 은퇴하고 시간적으로 자유로워졌을 때 할 수 있는 게 뭘까 생각하다가 떠올린 아이디어였다. 정년퇴직까지는 아직 창창하게 많은 시간이 남아 있었지만 마침 여행을 할 만한 기회도 생겼고 미리 준비도 할 겸 그게 가능할지 시험을 해보자는 생각이었다. 하루이틀도 아니고 장기간 여행에서 서로 얼굴 붉히지 않은 것만으로도 그해 여행은 성공적이었다. 여행은 다음 해로 이어졌고, 한 해를 건너뛰고, 그 이듬해에 아내가 19세기 독일 정원에 관한 고전 문헌 번역 연구비를 받게 되어 그걸 명목으로 현장 답사를 중심으로 하는 세 번째 여행으로 이어졌다. 세 차례의 번역 연구 여행을 통해 우리의 여행은 자연스럽게 제 궤도에 들어섰다. 이후 매번 조금씩 주제를 달리하며 연례적으로 이어지던 중 아내의 허리 문제가 생겼던 것이다.

아내의 컨디션에 집중하여 휴식을 고려해 숙소를 잡다 보니 평소보다 비용이 더 들었다. 마이엔펠트에서 묵은 호텔은 그때까지의 유럽 여행에서 묵은 호텔 중 가장 비싼 곳이었다. 그렇다고 엄청 고급은 아니고, 스위스 물가가 비싼 데다가 우리가 감당할 만한 여행 경비 수준에 비해 그랬던 거지만, 스위스를 여행하자면 그런 건 어떻게든 감수해야 할 일이었다.

오후 늦은 시간이었다. 호텔에 짐을 풀어놓고는 사전 답사를 겸해서 하이디 마을로 가는 길을 따라 가볍게 산책을 하고 왔다. 여기 오기까지 신경 썼던 모든 걸 내려놓고 기어이 하이디 마을을 목전에 두고 있다는 만족감에 맑은 공기의 상쾌한 알프스 산록의 풍광 속으로 취해 들었다. 바로 그곳에서 포도밭 돌담에 붙어 있는 달팽이를 만났다. 밤부터 시작된 비가 며칠간 내린다는 걸 미리 알았더라면 그날 맑은 날씨에 아름다운 시골 풍경 속으로 좀 더 들어갔어야 했다. 알프스에 대한 감동은 거기까지였다.

밤부터 내리기 시작한 비는 아침에도 계속되었다. 우산에 비옷으로 단단히 무장을 했다. 하이디 마을이라고 부르는 되르플리까지 가는 데는 별문제가 없었다. 비탈도 그리 급하지 않았다. 우리가 목적지라 여겼던 하이디 마을, 되르플리는 일종의 민속촌 같은 자연 부락이었다. 할아버지와 함께 살았던 곳 하이디의 알름 산장은 되르플리에서 산 위로 한참 더 올라가야 했다. 잘 닦인 차도로 이어지던 길은 이제 꼬불꼬불 산길이 되어 이어지는데 꽤나 급한 오르막이었다.

"얼마나 더 가야 해요?"

"저 산 위 목초지까지 가야 하니 꽤 되겠지?"

"많이 험할까?"

"가파르겠지."

'계속 올라가도 되는 걸까, 그래도 길은 잘 닦여 있겠지?' 올라가고자 하는 바람이 진하게 묻어 있는 아내의 독백 뒤에 살짝 숨은 주저함이 엿보였다. 일단 목표를 정하면 뒤돌아보지 않고 달려가는 독일 병정 같던 예전의 모습이 아니었다. 어쩔까, 내려갔다가 내일쯤 비가 그치면 그때 다시 올까 생각도 했지만 나도 쉽게 결정을 내릴 수가 없었다.

예전 첫 여행 때였다. 그때는 1400고지쯤 되는 산 정상까지 올라가 거기서 체코 쪽으로 깊숙이 들어간 곳의 산정 호수

둘이 합쳐 종합 병원

가 목적지였다. 등산로 입구에서 전혀 예상치 못했던 변수가 생겨 버렸다. 목적지로 가자면 최소 11시간이 예상되는 산행을 강행해야 했다. 배낭에는 물 반병, 빵 한쪽, 사과 반쪽밖에 없었다. 그걸로 두 사람이 11시간 산행을 해낼 수 있을지 걱정이었다. 이른 아침, 호텔을 나설 때까지도 우리는 이 산의 등산로 상태에 대해서 아는 게 없었다. 차라리 평소 가지고 있던 짧은 지식이 없었더라면 조금 신중하기라도 했을 것이다. 원체 독일의 산이란 게 대단한 난코스의 등산로를 가진 것도 아니고, 혹 꽤나 높은 산이라 하더라도 대부분 잘 닦인 임도(林道)를 따라 완만하게 빙글빙글 돌면서 올라갈 수 있게 되어 있다. 지도상에서 파악되는 표고나 산의 규모로 봐서 꽤 긴 산행이 될 거라 예상은 했지만 나는 이 등반을 얕보고 있었다. 험한 등산로라기보다는 장거리 코스라 시간 싸움이 될거라 여겨짐이라도 좀 가볍게 하자 싶었다. 배낭 하나에 음식도 평소의 절반만 챙겼다. 등산로 입구로 들어가 호수까지 갔다가 그대로 역순으로 하산하여 여기서 버스를 타고 호텔로 돌아간다면 다섯 시간 정도 될 걸로 계산이 나왔다.

예상보다 두 배가 넘는 산행이라 감당하지 못한다며 말렸지만 아내는 단호했다. '가자'가 아니라 '가야 한다!'였다. 생긴 것과 전혀 달리 한 번 목표를 정하면 그냥 저돌적으로 몰아가

여행은 사실 고생이지

는 아내에게 그런 건 문제도 아니었다. 다행히 그때는 하늘이 우리를 도왔다. 우리 앞에 가던 국적은 알 수 없는 젊은 부부가 풀숲을 뒤져 산열매를 따 먹으며 가는 걸 보고 우리도 따라 했다. 지천으로 널린 온갖 베리 종류의 열매로 갈증도 배고픔도 해소할 수 있었다. 정확히 11시간이 걸린 산행 끝에는 거의 기진맥진했지만, 그래도 산열매로 연명하면서 이겨냈었다. 그렇게 호기를 부렸던 아내에게도 이번에는 비까지 내리고 사정이 많이 달랐다. 망설이는 아내의 모습이 생경했다.

아내에게 허리 문제가 생기고부터 어디를 가나 알루미늄 접이의자를 배낭에 넣고 다녔다. 멀리 외출을 하거나 동네에 잠시 볼일이 있다거나 혹은 간단히 외식을 하러 가거나, 아무튼 어디든 움직인다 싶으면 다른 어떤 준비물보다 그걸 먼저 챙겼다. 비가 와서 벤치가 젖었다거나 힘이 좀 드는데 앉을 만한 데가 없다거나 전철에서 자리가 나지 않는다 싶으면 즉시 이걸 펴서 그 자리에 앉았다. 움직이지 않고 한자리에 서 있는 건 무조건 피해야 했다. 바닥에 앉아 있으면 바로 허리에 무리가 왔다. 외식을 하더라도 의자가 없는 곳이면 일단 패스, 그래도 불가피하게 들어가야 할 경우면 의자를 펴고 앉아 식사를 했다. 유럽 여행에서도 거의 그런 식이었다. 가벼워서 크게 부담되는 건 아니니 내 배낭에 챙겨 놓았다가 어디서든 필요

할 때면 이걸 꺼내서 앉았다. 유럽 아줌마들은 그런 아내를 보고 '엄지 척!' 해 주었고 알게 모르게 꽤 유명해져 있었다. 일단 배낭에서 꺼내들고는 다시 접어 넣을 것도 없이 핸드백처럼 팔이나 어깨에 걸치고 다른 한 손에는 해를 가리느라 우산 겸 양산을 펴 들고 온 유럽을 헤집고 다녔다.

접이의자는 하이디 마을에 가던 해 여행 짐을 꾸리다 나온 아이디어였다. 순전히 접이의자만 믿고 일단 산을 오르기로 했다. 다행히 산길은 이내 잘 닦인 임도와 이어졌다. 이런 수준이라면 조심조심 올라갈 만했다. 잔뜩 낀 짙은 운무에 한치 앞이 보이지 않았지만 생각보다 가파르지 않아 중간에 충분히 쉬어 가며 조심스럽게 발걸음을 떼었다. 가시거리가 10미터도 안 되게 잔뜩 낀 운무에 갇혀 버렸다. 사진 찍느라 지체하고 있는데 앞서가는 아내와 딸이 시야에 들어왔다 사라졌다. 산길이 꽤 길게 이어졌다. 그래도 알름 산장에 가면 어떻게든 따뜻한 차와 함께 뭔가 요기할 게 있지 않겠나 하는 바람으로 작은 희망을 삼았지만 하늘도 무심하게 알름 산장은 굳게 잠겨 있었다. 좀 쉬어야 할 텐데, 비에 젖은 황량한 초지만 질펀하고 산장 뜰에 놓인 야외 탁자도 비에 젖어 흥건했다. 춥고 배는 고프지만 곧바로 내려왔다. 하산하는 내내 걱정이었지만 아내에게서 탈이 날 것 같은 조짐은 보이지 않았다. 알름 산장을 오르

돌이 합쳐 종합 병원

기 시작할 때만 해도 극도의 긴장 상태였으나 산을 오르던 내 내 표정도 밝았고 전체적으로 컨디션이 눈에 띄게 좋아 보였다. 산장을 다녀온 그날 오후부터 몸과 마음이 가벼워진 걸 느끼고 있었다. 그다음 날도 비를 맞으며 산아래의 작은 동네와 들판을 휘젓고 걸었다. 걷는 시간보다는 접이의자를 펴서 앉아 쉬는 시간이 더 많았지만 아내는 그 모두를 잘 견뎌냈다.

요즘은 TV에서도 척추 관리에 필수적인 허리운동, 근육 키우기 같은 걸 교육하고 홍보해서 오르막을 오르는 운동이 척추 근육을 키우는 데 최고라는 사실을 알게 되었지만 그때 우리는 그런 것에 완전히 무지했다. 상식적으로 보아서도 그런 상태에서 산을 오르는 것은 절대 해서는 안 될 일이었으나 아내는 알름 산장 산행을 감행하면서 기분으로도 개운해지는 걸 느끼고 있었다. 꾸준히 알름 산장까지 올라갔다 온 게 결과적으로 허리 근육을 키우는 데 결정적인 역할을 했다. 그리고 그때를 기점으로 우리 여행은 전환점을 맞는다. 앞으로 어떻게 몸을 관리해야 할지, 수술을 하지 않고 최소한 현재 컨디션을 유지하기 위해서도 뭘 어찌해야 할지, 재발과 수술에 대한 심리적인 부담까지도 털고 일어나 심신이 모두 새로운 국면을 맞았다.

아내는 워낙 약골이었다. 유럽 여행을 시작할 때만 해도 보름 이상의 여행은 힘들어했다. 나로서는 성이 차지 않아 보름 동안은 둘이 함께 여행을 하고 또 다른 보름 동안은 혼자 여행을 했다. 함께 떠났다가 아내가 먼저 귀국하거나 내가 먼저 가서 여행을 하다가 중간에 만나서 함께 귀국하거나 했다. 하이디 마을에 갔던 때도 아내와 함께 갔다가 아내는 어학연수를 마치고 귀국하는 딸아이와 함께 돌아왔고 나는 보름 동안 더 다녔다.

여행 초기에는 작품 현장을 다니며 번역 연구를 한다든지 혹은 논문을 위해 자료를 찾아서 주로 대학 도서관을 찾아다니는 걸 우선으로 삼았다. 그러다 보니 주로 대학이 있는 도시에 숙소를 잡고 짬짬이 근교나 당일로 가능한 곳을 찾아다녔다. 아내가 도서관으로 가서 책을 찾는 동안 나는 시내를 돌아다녔다. 휴대전화가 없던 시절이어서 두 시간이면 두 시간, 이렇게 시간을 정해 놓고 도서관 앞에서 만나 함께 점심을 먹고 복사실에 가서 빌려 놓은 자료 복사를 도와주고 그 보상으로 자판기 커피 한 잔 얻어먹는 걸로 퉁치는 식이었다. 하루 이틀 도서관에서 일을 보고 나면 근교의 명소를 찾아가거나 다음 일정으로 문학현장 같은 곳을 답사하고, 다음 거점으로 이동했다.

허리에 탈이 생기면서 아내는 한자리에서 계속 같은 동작을 지속할 수가 없었다. 바닥에 앉아 있다거나 움직이지 않고 서 있다거나 하면 무리가 와서 힘들어했다. 당연히 도서관에서 책을 찾고 읽는 건 피해야 했다. 하이디 알름 산장 이후 우리는 많이 달라졌다. 평소 강의 준비를 하거나 논문 준비하느라 컴퓨터 앞에 앉아 있는 것만으로도 충분히 무리를 주는데 여행을 와서까지 그러지는 말자 그랬다. 이후 도서관에 가는 일은 없었다. 그러면서 산과 강과 호수가 있는 시골의 전원을 걷는 여행에 익숙해지고 있었다. 요즘은 집에서도 더 이상 접이의자를 사용하지 않는다. 또 함께 떠났다가 한 달 동안 함께 여행을 하고 돌아오는 걸로 발전하였다.

원래부터 걷는 걸 좋아한 건 아니었다. 내가 막 오십대에 들어서던 때 건강검진에서 당뇨 진단을 받았다. 식사 후에는 무조건 1시간을 걸어야 한다는 아내의 처방이 나왔다. 혼자 두면 게으름 피고 걷지 않을 것이라며 꼭 옆에 붙어서 정확히 1시간을 걷고야 집에 들어올 수 있었다. 의무적으로 걸어야 했기 때문에 걷기 좋은 장소를 찾아가고 그럴 여유는 없었다. 그냥 동네 한 바퀴 걷고 오는데, 예를 들면 30분을 걸어갔다가 갔던 길을 되돌아오거나 한 시간쯤 되도록 한 바퀴 휘돌아오는 길을 걷거나 했다. 어쩌다 한 시간이 채워지지 않았으면 조금 더 연장해서 아파트 단지라도 잠시 더 돌면서 꼭 한 시간을 채웠다.

아내는 정해 놓은 원칙에서 한 발이라도 벗어나려 하지 않는다. 물론 원칙을 정한 것도 자기고 왜 그런 원칙을 정했는지

배경도 중요하지 않지만 어떤 식으로든 일단 정해진 원칙은 무조건 지켜야 했다. 어릴 때부터 학교에서 집에 오면 그 자리에 앉아 그날 숙제를 다 해 놓고서야 TV를 본다든지 나가 논다든지 하는 스타일이었다만 나는 전혀 아니다. 뭐든 정해 놓은 대로 매일같이 쳇바퀴 돌듯 돌아가는 걸 좋아하지 않는다. 학교 다닐 때도 숙제를 안 한 적은 없다만 하더라도 대충 놀만큼 놀고 모두들 잠들 무렵에야 숙제를 펴 놓고 시작했다. 일단 시작하면 끝장을 보기에 어떨 때는 숙제하느라 거의 밤을 새듯이 하기도 했다. 재미있는 숙제라면 새벽 두세 시까지 들러붙어 있었던 적이 한두 번이 아니었다. 이미 초등학교 때부터 그랬다. 대학 들어간 이후는 거의 밥먹듯이 밤을 샜다.

그전부터 걷는 데는 이력이 나 있었다. 아내의 스타일처럼 매일 똑같은 시간을 정해 놓고 뱅뱅 돌듯 그런 게 아니라 어디든 답사를 가더라도 일부러 한두 정거장 전에 버스에서 내려 목적지까지 걸어간다든지, 직선으로 곧장 갈 수 있는 걸 일부러 돌아서 간다든지 그랬다. 군 복무 때도 그랬다. 공군 시설장교로 복무하던 내내 현장 감독관을 맡았다. 비행장 건설 현장은 활주로 이쪽 끝에서 저쪽 끝까지 한없이 펼쳐져 있다 보니 발주 공사장별로 현장 감독관용 오토바이가 하나씩 배정되었다. 시설물의 특성상 한군데 모여 있질 않고 현장이 여기저기 흩어져 있었던 데다가 아직 공사 초기라 건설 중의 작업도로 사정도 좋지 않아 오토바이는 현장을 다니는 교통수단으로 최고였다. 내가 책임을 맡았던 현장의 오토바이는 당연히 감독관인 나를 중심으로 운용되지만, 그걸 조감독인 후배장교에게 줘버리고 나는 걸어서 산을 넘고 골을 지나 사무실로 출근했다. 현장을 둘러볼 때도 걸어서 다녔다. 내 조감독은 다른 감독관 아래의 제 동기 조감독들의 선망의 대상이 되어 좋았을 것이고 나 역시 그 덕에 자유로이 걸어다닐 수 있어서 좋았다. 혹 무슨 급한 일이 있더라도 조감독이 먼저 가서 상황 파악을 하고 나는 느긋이 그 자리에 나타나니 그 역시 나름대로 좋았다. 그렇게 어떤 틀에 짜여서 매일 한 시간 여기서 저기를 왔다갔다해야 하는 것만 아니면 온종일이라 해도 기꺼이 걸을 수 있다.

아내는 내 덕에 걷는 데는 이력이 나 있던 데다가 특히 본인의 건강을 위해서 걸어야 한다는 목표가 생기고부터는 거의 마니아 수준으로 걸었다. 그러자고 그런 건 아니지만 그때부터 나는 가끔 특별한 때가 아니면 출퇴근 때도 운전을 하지 않았다. 그러다가 운전대에서 완전히 손을 놓은 지 10년이 넘는다. 이제는 걷기 위해서 어딜 가는 건지 어딜 가긴 가는데 될 수 있는 대로 많이 걸을 수 있는 곳을 찾아가는 건지 잘 구분이 가지 않을 때도 있다.

배낭 꾸리기

유럽에는 자전거 여행자들이 특히 많았다. 둘 혹은 셋이서 장거리 여행을 하는 게 대부분이지만 아빠 엄마가 앞뒤로 에스코트하고 아들딸들과 함께하는 가족이나 노부부 여행자도 여럿 눈에 띄었다. 드물게는 모자 단 둘인 여행자도 있었다. 자전거에 짐을 잔뜩 싣고 몇 시간 만에 도착했을지 모르는 광장 한편에 자전거를 세워두고 쉴 만한 장소를 찾는 모습들이 인상적이었다. 자전거로 여행하는 모습 말고도 제 키에 머리 하나 정도는 더 올라간 배낭을 짊어진 젊은이들의 싱싱함도 보기 좋았다. 배낭 양옆으로 등산화, 물통, 수건 같은 잡다한 것들을 덜렁덜렁 매달고 다니면서 자유로움이 뿜어 나오는 차림들, 마음 같아서는 나도 그런 여행에 동참하고 싶지만 주책이라며 질색할 게 뻔한 아내의 잔소리 때문에 그러지는 못하고 젊은이들의 그런 모습을 그냥 부럽게 바라볼 뿐이다.

원래 아내는 몸이 약해서 여기저기 탈이 나는 건 으레 있던 일이었다. 지난 15년간의 여행 사진을 죽 훑어가다 보니 이미 오래전부터 이상 조짐이 있었지만 그냥 남달리 체력이 달리는 데다가 조금씩 노화되는 신체 나이 때문이라 여겼다. 아내는 원체 사진 찍히는 걸 좋아하지 않았지만 무시하고 눈치

채지 못하게 틈틈이 찍어놓은 것 중에는 접이의자에 앉았거나 한적한 벤치에 길게 누워 있는 사진들이 많았다. 그래도 그런 건 이미 몸 상태가 좋지 않은 걸 알고 조심하고 애쓰느라 그런 것이었기에 아이들도 재미있다고 웃고 그럴 수 있었다만, 문제는 이전이었다. 매일 이어지는 이동에 날이 좋지 않으면 추위서 힘들고 날이 좋으면 또 뙤약볕에 장시간 노출되어 힘들 테고, 그래서 틈나는 대로 다리를 쉬어주느라 어디든 걸쳐 앉곤 했지만 그때는 벤치에 누운 적은 없었다. 사진에는 얼핏얼핏 그런 일반적인 피곤함과는 다른 표정이 찍혀 있었다. 아무리 본인은 그냥 힘들어 좀 쉰다고 했지만 그즈음 이미 조금씩 탈이 나고 있었던 것 같다.

나 역시 그리 성한 건 아니었다. 여기저기 심심찮게 탈이 났다. 40대에는 요추가 뭉개져 내리도록 심하게 다쳐 뼈가 아무는 동안 몇 달을 딱딱한 바닥에 누워 지내야 했다. 50대에 들어서는 당뇨 진단을 받았다. 그건 완쾌될 병이 아니어서 평생 조심하고 관리해야 하니 이젠 내 친구처럼 함께 가자고 그러고 있다. 한번은 한쪽 팔에 마비가 와서 급히 병원에 갔더니 목 디스크이니 수술을 해야 한다고 그랬다. 수술 날을 잡고 수속을 하려고 기다리는데 옆에 있던 한 아주머니가 목 디스크라고 그냥 무조건 칼을 댈 건 아니라 그랬다. 아내는 그 이야기가 충분히 일리가 있다며 그 길로 수술을 취소하고 한의원에 갔다. 몇 달간 침으로 다스려 어쨌거나 괜찮아졌다. 침 덕을 본 것도 같고 한의사의 조언에 따라 수시로 동네 학교 운동장 철봉대에 매달려 어깨와 허리, 목에 가벼운 긴장을 주는 반복운동을 한 게 효과를 본 것 같았다. 그러고 또 얼마 있지 않아 오십견 같은 증세가 생겼다. 그게 오십견인지 아닌지 모르겠지만 아무튼 50대가 되어서 어깨가 몹시 불편한 증세로 보아 보통 이야기하듯 오십견 계통인 걸로 생각하고 참고 지냈다. 저절로 나았다가 한 일 년인가 지나면서 다시 그런 증세가 왔다. 이번에는 좀 심했다. 오른쪽 어깨에 근육통이 있어서 버스를 타고도 손잡이를 잡지 못했다. 약간의 힘을 줘도 찌릿 통증이 와서 비명이 나올 지경이었다. 그리고 꽤 오래갔다. 이것도 당뇨처럼 평생을 가지고 가야 하나, 거참 함께 가야 할 동무가 많군, 그러고 있었다.

그즈음 동네 헬스센터에 다니고 있었다. 어깨 통증에 도움이 될까 해서 조심스럽게 체스터프레스를 하고 있었는데 마침 관장이 쓱 지나가다가 팔꿈치를 조금 위로 올려서 하라고 그랬다. 시킨 대로 했다가 악 비명을 지르며 자지러졌다. 아픈쪽 어깨 근육에 전율이 나듯 통증이 지나갔다. 관장은 의미심장한 웃음을 지으며 "이 동작은 그렇게 하세요." 그러고는 가

버렸다. 전혀 예상치 못한 일이 벌어지니 멋쩍어서 얼른 자리를 피해버린 건지 아니면 족집게처럼 제대로 짚어준 자신감에서 그런 건지 그 웃음의 의미는 알 수 없었다만 그날로 어깨 통증은 완벽하게 사라지고 아직까지 다시 나타나지 않고 있다. 아마도 뒤틀려 있던 어깨 근육이 바로 잡히면서 그랬던 것 같다. 그 외에도 위장이나 신체 여기저기 탈이 있는데 나는 선천적으로 통증을 잘 느끼지 못하고 무디어서 내시경 검사를 해서야 위염 내지 궤양이 있다는 걸 알고 그런다.

아내는 여기저기 몸 전체가 총체적으로 약골이라 여기 아프고 저기 탈이 있지만 그런 걸 일일이 병으로 꼽아서 될 일이 아닐 만큼 원체 그런 체질이었다. 기계에 비유하자면 에너지 소모는 많지 않지만 마력 수가 좀 떨어지는 작은 가정용 전기 제품 같다. 나는 힘은 좀 쓰지만 꿀렁거리는 경운기 정도?

나이도 나이인 데다 기력과 체력에서 둘 다 조금씩 시원찮은 관계로 여행 짐 챙기는 일도 여간 신경쓰이지 않는다. 간출하게 짐을 챙기자면 무게보다 부피가 관건이다. 여행 짐 대부분을 차지하는 것은 옷이다. 옷맵시보다는 간편한 걸 우선으로 삼을 각오가 되었다면, 얼마나 짐을 간단하게 꾸릴 수 있는가는 옷을 얼마나 줄이느냐에 달렸다. 그걸 모르는 것 아니지만 정작 옷을 줄이자면 그게 참 쉽지 않다. 세탁 문제라면 여러 벌 모았다가 한 번에 세탁기에 돌리면 되지만 그건 짐을 줄이는 데는 전혀 도움이 되지 않는다. 내의나 양말 정도는 매일 샤워하면서 빨아서 힘껏 짜서 탈탈 털어준다. 그런 뒤 큰 수건에 싸서 바닥에 놓고 옛날 빨래 밟듯이 발로 꼭꼭 밟아 물기를 뺀 상태에서 방에 널어놓으면 하룻밤 사이에 대부분 뽀송뽀송 마른다. 바지나 셔츠는 며칠에 한 번, 2~3일 이상 한곳에 머무는 때 한 번씩 빨아서 두었다가 하루에 다 마르지 않으면 하루 더 말려서 입는 식으로 하면 짐을 많이 줄일 수 있다.

아내는 아내대로 알아서 최소한으로 챙기고 내 몫으로는 바지와 윗도리 각 두 벌 정도에, 혹시 모르니 추운 날을 대비하여 긴팔 하나를 더하는 정도, 그리고 내의 세 벌 이내로 챙긴다. 짐의 총량 부피를 봐서 다소 여유가 생기면 나는 아내 옷을 좀 더 챙기라 하고 아내는 내 옷을 자꾸 더 챙기려는 통에 해마다 쓸데없이 옥신각신한다. 다행인 건 카메라와 휴대폰 그리고 노트북 같은 전자기기에 필요한 충전기기들을 따로 챙겨야 했던 때는 부피나 무게가 만만찮았지만 해가 갈수록 부피가 작아지고 무게도 덜해진다는 것이다. 될 수 있는 대로 같은 회사 제품으로 마련하면 충전기 역시 같은 걸 가지고 돌려 사용할 수 있어서 가방의 부담을 덜게 해 준다만 언제든 한 달 정도는 충전하지 않아도 될 획기적인 제품이 나온다면 그

때는 캐리어 없이 짐 꾸리기가 가능해질지도 모르겠다.

　각자 배낭 하나씩에 챙길 수 있으면 좋겠지만 아무리 짐을 줄여도 작은 캐리어 하나는 필요했다. 아내가 감당할 수 있는 무게를 극단적으로 줄이자면 아내 몫의 작은 배낭에는 최소한의 화장품과 필수로 챙겨야 될 간단한 물건으로 한정해야 했다. 그러고 나면 노트북과 카메라 등 기내에 들고 가야 할 것들을 중심으로 챙긴 내 배낭 큰 것 하나, 그리고 옷가지와 최소한의 비상 식품 정도를 챙겼다가 현지에 도착해서 노트북이나 카메라 같은 배낭의 무거운 짐을 옮겨 담을 캐리어 하나가 반드시 따라온다. 그게 최소한으로 챙길 한 달 여행에 필요한 우리의 짐이었다.

둘이 합쳐 종합 병원

기억의 장소

작은 사치

한두 번도 아니고 거의 매년 유럽을 다닌다는 건 다른 사람들이 보기에 금방 이해가 되지 않을 수 있다. 변명을 좀 해 보자면, 유럽 여행은 우리의 '작은 사치'다. 소확행이니 힐링이니 하며 꽤나 솔깃해지는 유행어들이 쏟아져 나오기 전부터 나는 주위에 작은 사치를 하라고 권하고 있었다. 나도 책에서 읽은 것이지만 말 그대로 사치를 하자는 이야기다. 나 자신을 위해서는 거의 구두쇠 수준인 내가 사치란 말을 입에 올리는 자체가 썩 어울리지 않는다만 과하지 않은 정도의 사치는 누구에게나 필요하다는 이야기다. 과하지 않은 정도의 사치란 평소 각자 하고 있던 일상적인 일로 봐서 조금 과용한다고 느껴지는 수준이라 해 두자.

서류에 서명을 할 일이 잦다 해도 문구점에서 살 수 있는 백 원, 이백 원짜리 볼펜이나 사인펜만 있어도 충분하다. 그렇지만 혹시 내게 의미 있는 문건에 서명을 할 때가 있을 걸 생각하여 금딱지 펜촉을 넣어둔 괜찮은 만년필 하나 정도는 마련할 수 있지 않겠느냐는 이야기다. 이를테면 제자의 학위 논문에 서명을 해주는 건 나 자신의 의미가 아니라 학위를 받는 제자에게 뜻깊은 의미가 될 수 있으니 조금 폼 나는 필기도구를 쓱 꺼낼 수 있지 않은가, 그래서 좋은 만년필 하나 장만해볼까 마음먹는다 치자. 중요한 건 만년필을 장만한 그 자체가 아니다. 만년필을 고르기 위해 세상에 어떤 만년필들이 있는지 좀 찾아보고 틈나는 대로 전문점을 둘러보며 비교도 해보는 아이쇼핑의 여유로움을 가져보는 건 순전히 나를 위해 의미 있는 일이 된다. 작은 사치란 나 자신을 위한 작은 보상과 같은 것이다.

우리의 잦은 유럽 여행은 "소소하지만 확실한 행복"이라기보다는 "작은 사치"를 통한 자기 보상일 것 같다. 원래 골프에는 손을 대지 않았고 군에서 제대한 이후로는 술도 마시지 않은 것은 순전히 나의 취향이나 개인적인 문제와 관련된 것이지만, 이름난 골초였던 내가 담배를 끊어버린 건 유럽을 오가는 비행기에서 편안해지기 위해서였다. 지금까지 전체 유럽 여행에서 나를 위해 마련한 유일한 기념품은 아이러니하게도 마이엔펠트 하이디 마을에서 산 꽤 값비싼 삼각기둥 모양의 스위스제 라이터였다. 그걸 한 번도 쓰지 못하고 그해에 담배를 끊었다. 유럽 여행은 나름대로 큰 걸 희생해서 얻은 합당한 보상이라 생각한다.

함부르크의 알스터Alster 호수는 중간에 잘록해진 곳에 다리가 놓여 있어서 호수 이쪽과 저쪽을 갈라놓은 형상을 하고 있다. 바깥 알스터Aussenalster는 거대한 호수를 이루고 있으면서 호수를 빙 둘러 그리 넓지는 않으나 무성한 숲과 초지가 있고 호숫가 풀밭 여기저기에는 평범한 나무 벤치들이 놓여 있다. 숲과 풀밭이 모두 깔끔하게 손질되어 있지 않아 약간 허접하게 내버려둔 듯 보이지만, 덜 인공적으로 관리한다는 나름대로의 관리 방식이다. 호숫가 풀밭이나 덤불 너머로 낚싯대를 드리운 사람들이 심심찮게 눈에 띈다. 등 뒤에는 여러 나라 외교 관저가 있는데 바로 그 앞에서 한가하게 시간을 낚고 있는 강태공 그림이 대조적이다. 안쪽 알스터Binnenalster는 시가지의 중심 상업지구 가까이에서 작은 호수 공원을 이루고 있다. 수변의 콘크리트 스탠드 앞에는 백조와 오리가 떼를 지어 먹이를 애걸하는데, 스탠드에는 적지 않은 사람들이 서로를 방해하지 않는 범위에서 자유롭게 자신만의 공간과 시간을 확보하고 앉아 있다. 서울로 보자면 명동 일대쯤 되는 도심 한가운데의 호수 공원 물가 계단에 죽치고 앉아서 새들을 희롱하며 느긋하게 앉아 있는데, 나도 그 무리 속에 슬쩍 끼어들어 여유를 부리게 된다. 저들의 여유로움은 뭘까? 우리는 모든 일상에서 많이 조급하지만 생활 환경이 조급함을 강요하지 않을 뿐 저들도 우리처럼 조급함을 유전적으로 가지고 있을 것이다. 아니면 조급함이란 유전적으로 가지는 게 아니라 사회 일원으로서 함께 보조를 맞추어 가느라 나도 모르는 사이에 그렇게 된 건지도 모른다. 아무튼 결론은 환경적 요인이다. 여행자로서 우리는 여행 외에 딱히 할 수 있는 일이 없다. 하루이틀, 그 시각 거기 앉아 있다 보면 어느덧 저들의 여유로움 속에 묻어든다. 인천 공항에 도착하는 순간 여행 동안의 그 느긋함을 다 어디 두고 왔는지 다시 원래 상태로 돌아가 버리지만, 그래도 해외 여행지에서는 그게 그리 어렵지 않다.

하이디 마을에 가던 길이었다. 중간에 쉬어갈 겸 환승할 만한 곳으로 떠올린 곳은 울름이었다. 점심시간에 맞춰 울름에 도착했다. 시내 적당한 곳에서 간단히 점심을 먹고 다시 기차를 타기 전에 산책 겸 울름 성당이 있는 도심 중앙 광장을 찾아들었다. 대학 시절 참고했던 서양건축사 책은 헌책방에서

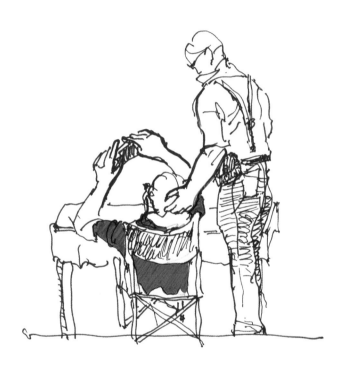

구입한 건데 얇고 간략했다. 얇은 만큼 책값도 쌌지만 길게 설명한 것이 아니고 사례로 든 것도 많지 않아 맘에 들었다. 거기서 다루어질 정도의 사례라면 꽤나 유명한 건축일 텐데, 울름 성당은 그 책에서 첨탑이 하나 있는 대표적인 고딕 성당으로 소개되어 있었다. 아내에게 이름이 있거나 대표성 있는 고딕 성당 건축물을 보여주려던 건 아니었다. 예전에 아내를 먼저 귀국시키고 나 혼자 여행을 하던 때 여기 와 본 적이 있어 그때를 떠올려 다시 찾아가 보자는 생각이었다.

한밤중 뮌헨에서 출발하는 야간열차였다. 잠시 졸다가 깨보니 마침 기차가 울름역 구내로 들어서고 있어 부리나케 내렸다. 순간적인 착각에서 나온 우발적인 일이었다. 새벽 세 시였다. 아침이 되기까지 기차가 한 대도 없었다. 대합실에서 죽치기에 울름역은 너무 작았다. 안 그래도 좁은 대합실에는 엉거주춤 졸면서 앉아 있는 사람들로 가득했다. 한밤중이긴 해도 거리로 나가 걷기라도 하면 좋을 텐데 밖은 어둡고 비가 쏟아지고 있었다. 역 구내에서 왔다갔다해 보지만 시간은 가지 않고 힘만 들었다. 과감하게 우산을 펴 들고 지하도를 건너 역 건너편 구도심으로 이어지는 쪽으로 방향을 잡고 걸어들었다. 길에는 아무도 없고 비가 쏟아졌다. 새벽같이 제일 먼저 문을 연 가게인 빵집을 지나 닿은 곳이 성당이 있는 광장이었다. 지금까지 여행 중 그때만큼 황당한 적이 없었다.

　다시 찾아간 그 날은 한낮에 화창하다 못해 뜨거웠다. 햇살이라면 사족을 못 쓰는 독일 사람이니 이런 날씨를 그냥 두고 지나칠 리가 없을 텐데, 역시나! 넓은 광장 한가운데 여기저기에 플라스틱 의자를 가져다 놓고 앉아 있는 사람들이 여럿이었다. 누군가 앉았다 간 자리인지 두세 개씩 무리지어 어지러이 흩어져 있는 빈 의자도 있었다. 광장 둘레에 카페와 레스토랑이 줄을 이었고 야외 카페도 넉넉하게 있어서 어디고 자리 잡고 앉을 공간이 없는 것도 아닌데 사람들은 휑한 광장 한가운데에서 그러고들 있었다. 뭐 흥미로운 조형물이나 그런 게 있는 것도 아닌 텅 빈 광장 한가운데 앉은 거라니, 도무지 알 수 없는 특별한 광경이었다.

　와, 저거 재미있겠다며 거침없이 달려간 아내는 빈 의자 하나를 떡 차지하여 팔월의 따스한 여름 햇살을 맞고, 딸은 호위무사처럼 그 옆을 지키고 섰다. 어떤 기분일까? 옆으로 가서 텅 빈 광장 가운데 서 보았다. 눈을 감고 하늘을 향해 고개를 들어보니 이상하게도 편안했다. 서로 익명성이 보장되는 사람들 사이여서 그런 것 같다. 집에 있을 때는 그게 쉽지 않지만 해외 여행에서는 아무데나 앉는 게 그리 주저되지 않는다. 그런 행동들을 그리 흉하다고 여기지 않을 것이기도 하지만 그 역시 나 자신을 숨길 수 있는 익명성이 보장되기 때문이다.

유럽에서 익명성을 보장받는 건 분명하다만 그렇다고 완전히 방심할 수는 없는 게, 전혀 예상 외의 일이 생기기도 한다. 지인과 함께 독일과 이탈리아 정원을 둘러보는 여행을 하던 때였다. 이탈리아로 내려가기 전에 잠시 괴테의 도시 바이마르에 들렀다. 보행자 거리의 가로수 그늘에 들어가 빈 벤치에 자리를 잡았다. 후끈거리는 발바닥 열을 좀 식힐 겸 염치 불구하고 랜드로버 구두를 벗어놓고는 양반다리로 벤치에 앉았다. 얼마나 그러고 있었을까, 멀리서 걸어오는 중년의 마른 남자가 눈에 들어왔다. 주머니에 손을 넣어 뒤적이는 모양새가 예사롭지 않게 보였지만 설마 나한테 볼일이 있어 그러는 거라고는 생각하지 못했다. 그런데 그 양반 내 앞에 쓱 다가와서 하는 말이 정말 미안한데 지금 자기가 가진 동전이 없다는 것이었다. 이게 무슨 상황이지?

내가 벗어놓은 신발 때문이었던 것 같았다. 모자나 그릇은 아니지만 아무튼 빈 무엇을 앞에 놓고 있었으니 거기에 동전을 채워주는 게 도리라 여긴 모양이었다. 당황한 나는 우선 신발부터 신었다. 아니 천만에 말씀이라며 정색을 하며 웃었고 그 친구는 가던 길을 계속 갔다. 지금 저 친구가 내 신발에 동전을 던져 주려다 동전이 없어 미안해했다는 사건 전모를 설명해 줬더니 우리 동행 말씀이, 재미있다며 한 번 더 해보자고 그랬다. 에이 이 사람! 그 이후로 나는 아무리 유럽이 자유로운 곳이라 하더라도 함부로 신발을 벗어 놓는다든지 모자를 벗어 앞에 놔둔다든지, 어떠한 빈 것을 내 앞이나 옆에 두지 않는다.

그 비슷한 이런 일도 있었다. 그날따라 아내는 일찍부터 지치는 모양이었다. 많은 사람들이 오가는 보행자거리 길목에서 쇼윈도를 등지고 접이의자를 펴서 주저앉았다. 그냥 앉아서도 눈에 띌 텐데 우산은 햇살 좋을 때 말려야 냄새가 나지 않는다며 양산 겸 우산 두 개를 활짝 펴서 양쪽에 걸쳤다. 유럽 대부분이 그럴 것 같지만, 최소한 독일에서는 양산을 쓰는 사람을 전혀 만날 수 없다. 그 아까운 햇살을 양산으로 막다니! 절대로 있을 수 없는 일임에도 아내는 해가 나면 무조건 양산을 썼다.

예전에 북부 독일을 여행하던 때, 열 살쯤 된 여자아이가 제 엄마를 돌아보며 "아, 양산이다!" 그랬다. 학교에서 배운 양산을 생전 처음 눈으로 보았으니 얼마나 신기했을까. 그렇듯 양산은 여행길의 익명성을 여지없이 깨버린다. 남의 이목이 집중되니 제발 눈에 띄게 이러지 말자고 그랬으나 피부가 약해서 이렇게라도 직사광선을 막아야 한다며 소용이 없었다. 이

젠 나도 그런 일에는 만성이 되어 양산 둘을 활짝 펴놓고 앉아
있는 정도는 아무렇지도 않게 되었다.

성당에 초를 켜고

무심코 휴대전화에 저장되어 있던 사진을 뒤적이다가 비슷한 각도에서 찍은 몇 장의 성당 내부 사진에 멈췄다. 적당히 역광을 받아 그럴듯한 분위기를 만들고 있었다.

"여기 어디에요?"

난들 그게 어딘지 어떻게 다 알 수 있겠냐마는 아내가 물어본 것도 딱히 거기가 어딘지 알아내고자 물은 건 아니었다. 그간 둘러보았던 여러 성당에서 받았던 감흥이 살아났던 게 분명했다. 여행 동안 꽤나 많은 성당을 다닌 가락이 있으니 사진만 보고도 어느 성당인지 정도는 알아내야 할 것 같은 쓸데없는 자존심에 모른다고 하기 싫었다. 보통은 고딕 양식이지만 저런 단순하고 듬직한 장식의 건축은 로마네스크 양식이고 이렇게 화려한 건 바로크 양식이라네, 30년 전쟁 후 특히 피해가 컸던 독일에서는 복구 과정에서 당시 유행하던 양식의 주류에 따라 바로크와 로코코가 큰 역할을 했고, 그래서 지금도 독일에는 바로크와 로코코 풍의 교회가 무지 많다네 하는 식의 얄팍한 지식을 조금 갖추고 있다는 걸로 아내 앞에서 폼 잡을 일은 아니지 않나? 감흥의 기억과 감흥을 일으키는 대상의 정체를 분별하는 지식과는 전혀 별개다. 아내는 그냥 지나가는 혼잣말로 "파사우인가?" 그랬다. 사진의 성당이 파사우의 성당이라 생각하여 그런 거라기보다는 성당에 대한 인상으로 파사우 성당이 으뜸이었다는 이야기였을 것이다.

유럽 여행을 시작하던 해, 며칠을 남부 독일의 산골을 누비고 다니다가 다시 속세로 나와 처음 만난 도회지가 오스트리아와 국경을 마주한 독일 파사우였다. 파사우는 중세 초기에 이미 수도원이 세워졌던 문화의 중심이었다. 도나우Donau와 인Inn 두 강이 합수되는 지점에 성채를 세워 철통같은 방어 체계를 갖춘 전략 요충지었다. 오랜 역사를 가진 만큼 온 도시에 고풍스러움이 가득한 데다가 좁은 골목길과 이면도로를 꽉 채운 작은 가게들까지 여행자의 시선을 끌기에 충분했다.

마침 성당 앞 안내판에 파이프 오르간 연주가 안내되어 있었는데 시간도 맞았다. 자리를 꽉 채운 관객의 절반이 여행자 행색이었다. 그건 나머지 절반이 주민이라는 이야기이기도 했다. 성당의 연주회는 관광객을 위해 특화된 장치일 뿐 아니라 주민들까지 아끼는 전승문화가 되어 있다는 걸 의미했다. 성당 가득히 울려 퍼지던 파이프 오르간의 장엄한 음향을 몸으로 느꼈다. 특별한 날 절에서 저녁 예불을 드릴 때, 범종과 법고와 목어 그리고 운판의 사물을 두들긴다. 법고와 범종을 치는 소리를 가까이 듣다 보면 그건 귀로 듣는 소리가 아니라 온몸에 울려오는 거대한 울림이라는 걸 느낀다. 그리고 자신이 한없는 자연의 부분이 되어가는 걸 체험한다.

그와 같았다. 교회 안을 휘몰아치는 음향으로 바로크의 화려한 성당 공간이 더욱 증폭되어 왔다. 바로크의 화려하고 장엄한 장식에 특히 둥근 돔 천장이 파이프 오르간 연주소리에 모양을 더해주는데 유럽의 성당들은 특히 바로크 성당들은 미사 음악의 장엄한 음향을 위한 거대한 스피커의 울림통으로 특정화된 게 분명했다. 유럽 여행 중 마주친 교회 연주회는 이후에도 여러 번 있었지만 파사우의 그것은 특별난 경험이었다. 아내가 파사우 성당을 떠올린 것도 그래서였을 것이다.

항상 관심 있게 보던 것이니 어지간히 이름난 곳이라면 외관으로 어느 교회인지 구분하는 데는 큰 어려움이 없다. 문제는 항상 내부였다. 바흐가 평생을 악장으로 봉사했던 라이프치히의 성토마스 교회처럼 하나하나 인테리어를 또렷이 기억해 낼 수 있는 건 특별한 경우다. 일반적인 패턴에서 벗어난 특이한 의장이 있어서 별난 인상을 주는 곳, 이를테면 네덜란드 델프트의 여러 교회들은 전형적인 고딕 건축의 양식을 지키고 있으면서 까마득히 높이 아치와 볼트 구조로 짜인 천장은 목조로 되어 있기에 다른 어디의 교회에서 볼 수 없는 부드러움이 있다. 뮌헨의 프라우엔키르헤는 온통 새하얀 빛깔의 내부가 인상적이다. 창으로 밝은 빛이 쏟아져 들어오고 벽과 기둥이 완벽하게 하얀 빛으로 되어 있어 밖에서 보는 것과는 다른 포근한 느낌으로 다가온다. 복원하는 과정에서 현대식으로 된 것 같지만 보통 성당과는 많이 다르다.

이탈리아에는 고딕 양식의 성당이 잘 없기도 하지만 혹 있다 하더라도 알프스 이북의 프랑스나 독일의 고딕과는 많이 다르다. 그런 걸 감안하더라도 밀라노 대성당은 고딕 성당 중에서도 유례를 찾기 어려울 정도로 외관이 화려하다. 그냥 외부 파사드만 본다면 알프스 이북 어디서도 만나기 어려울 만큼 화려하다. 내부에 들어가 보면 그 이유를 알 수 있다. 고딕 양식이 뼈대를 이루고 있지만 증축이 되고 개보수된 흔적이 보이고 바로크식으로 진행된 인테리어 특징이 나타난다. 내부의 모습을 감안하고 보면, 밀라노 성당의 외관에는 전형적인 고딕에 바로크의 화려함이 상당히 가미된 모습이 보인다. 뮌헨이나 델프트, 혹은 밀라노처럼 별난 모습이 아니고는 성당 내부는 제단, 코어, 회중석 같은 기본구조에 따른 보편적인 형식을 하고 있어서 교회 내부의 인테리어로 어느 도시의 교회인지 분별하기는 쉽지 않을 뿐 아니라 여행 동안 잠시 만나는 것으로 그 하나하나를 다 인지하기는 충분하지 않다.

우리는 기독교 신자가 아니지만 성당이며 교회를 열심히 찾아다녔다. 여행자로서 유럽의 아름다운 건축물을 보러 다닌 게 아니었다. 구교교회니 신교교회니 구분할 것도 없이 유럽의 교회는 모두 아름답고 조용하여 지친 마음을 쓰다듬어 주었다.

도시건 시골이건 교회만 보이면 일단 들어갔다. 아내는 언제나 작은 촛불을 켰다. 그리고 2-30분 정도 자리에 앉아 명상을 했다. 평소 절에 가서는 접이의자를 펴서 앉거나 두세 번 접은 방석을 두 개 정도 포개어 놓고 기둥에 기대고 앉아서 30분가량 불경을 읽는다. 나는 뭐 그럴 정도로 열심히 다니는 편은 아니어서 법당에서 삼배를 하는 걸로 끝이다. 그나마 그것도 요즘에 와서 일이지 그 전에는 법당 안에 들어가지도 않고 법당 밖에서 꾸벅 절하고는 그만이었다.

그때나 요새나 아내가 법당에 있는 동안 나는 바깥에 나가 혼자 거닌다만, 유럽 여행에서는 일단 교회 안을 휘둘러보고는 아내 옆에 가 앉는다. 무념무상. 잡생각도 나지 않고 편안해진다. 아내는 뭘 생각하고 어떤 걸 기원하는지 모르겠다만 물어보지는 않는다. 굳이 그런 걸 묻는 것도 이상하지 않나? 모든 기도와 기원이라는 게 진정 빌어서 뭔가가 이루어지도록 염원

하는 것이라기보다는 앞으로도 지금까지처럼 절대로 흔들리지 않도록, 비는 자 본인의 마음을 다잡고자 집중하는 일이라 생각한다.

옥스퍼드 박물관

영국에서는 교회에 들어가 본 일이 없었다. 일부러 그러려던 건 아닌데 목장 길이나 호수 트레일을 따라서 다니다 보니 교회 자체를 만나기가 드물었고, 런던이나 여러 도시에서는 교회마다 길게 줄을 서 있어 들어갈 엄두를 내지 못했다.

옥스퍼드에서도 그랬다. 런던에서 두 시간 거리, 옥스퍼드 주변에는 잉글랜드 남부의 시골 들판에 흩어져 있는 영국 풍경식 정원들이 여럿 있다. 모두들 시골 깊숙이 외딴 곳에 있어서 한곳에 자리를 잡고 며칠을 머물며 당일로 다녀오기에 좋았다. 역사 도시의 명성에 어울리는 도시도 만나면서 주변 정원들을 두루 다니기에 옥스퍼드는 여행의 거점으로 안성맞춤이었다. 꽤 멀리 떨어져 있는 셰익스피어 생가가 있는 스트랫퍼드어폰에이번Stratford upon Avon도 직행으로 왕복하는 버스가 하루 몇 편 있어서 당일로 다녀올 수 있을 뿐 아니라 버스로 한 시간 남짓한 거리의 블레넘 궁이나 로섬 하우스 등 유명 정원이 있는 저택들을 다녀오기에 편했다. 버스 편이 많지 않아 시간을 잘 맞춰야 하거나 버스에서 내려서 한 시간 남짓 걸어야 하는 불편함은 있지만 어차피 정원이 아름다운 저택을 찾아가는 길이라면 일부러라도 그 정도는 걸어도 좋지 않겠나.

그러나 버스를 타고 걸어서 찾아갈 수 있는 곳보다는 그렇게 찾아갈 수 없는 정원들이 훨씬 많다. 옥스퍼드를 중심으로 차로 한 시간 내외의 거리에 흩어져 있으면서 대중교통으로 갈 수 없어서 대부분 택시를 타야 했다. 그런 정도라면 배낭여행 수준으로 다니는 여행자에게는 갈 수 없는 거나 다름없어 포기하는 게 맞다만, 누구든 정원을 주제로 여행을 하자면 옥스퍼드를 거점으로 차를 한 대 렌트하면 영국 풍경식 정원을 위한 훌륭한 투어를 할 수 있다.

대학도시로서 유서 깊은 건물에 중세 분위기가 물씬 풍겨나지만 옥스퍼드 도심은 관광객들로 몹시 복잡했다. 며칠을 머무는 동안 시외버스 정류장을 찾아가면서 옥스퍼드 길거리를 빛의 속도로 스쳐 지나쳤던 건 도심을 꽉 채운 저 많은 인파를 피해 다니느라 그랬다. 도심을 조금만 벗어나도 운하의 수변을 따라 나 있는 산책로며 숲이며, 관광객들이 밀고 들어오지 않아 조용하게 거닐거나 시간을 보낼 만한 곳이 많았지만, 도심은 우리 취향과 거리가 있었다.

옥스퍼드에서의 마지막 날, 그래도 하루라도 유서 깊은 이 도시를 좀 둘러봐야 하지 않을까 싶어 마음먹고 도심을 찾아들었다. 아침부터 비가 내렸다. 시내에 도착해서도 여전히 그칠 기미가 보이지 않았다. 좁은 찻길은 커다란 관광버스들로 꽉 찼고 좁은 인도에는 비옷에 우산을 받쳐든 인파가 몰려 있었다. 안 그래도 발 디딜 틈이 없는데 우산마저 짐이 되다 보니 한 발짝 옮기는 자체가 고역이었다. 영화 〈해리 포터〉의 로케이션 장소나 〈반지의 제왕〉의 톨킨J.R.R. Tolkien (1892~1973)이 수학했던 발자취를 따라가는 흥미로운 투어를 비롯하여 옥스퍼드의 명성에 걸맞은 프로그램들을 운용하고 있어서 대학 캠퍼스가 밀집되어 있는 도심의 여행자 대부분이 옥스퍼드대학을 투어하는 개별 혹은 단체 청소년이었다. 도심을 약간 벗어난 유명 성당에는 중국인을 비롯한 성인 관광객들로 가득해 군중에 치여 가며 그걸 견뎌내기에 우리는 까칠한 데다 비가 오는데 운하를 따라 걷고 벤치에 앉아 폼 잡는 일도 어울리지 않아 과감히 시내 투어는 포기하기로 했다.

일전에 시내를 지나다가 멀리서 얼핏 보았던 무슨 미술관 같았던 곳이 생각났다. 그 근처에는 사람들이 별로 있지 않았던 것 같으니 거기라면 비를 피할 정도의 시간은 보낼 수 있을 것 같았다. 바로 옥스퍼드대학 애쉬몰리언 박물관이었다. 심지어 무료였다. 거기도 비를 피해 온 사람들로 인산인해였지만 차림으로 봐서 저 바깥의 여행자들은 아니었다. 짐 맡기는 개인 사물함 절반이 고장나 있고 갑자기 몰려든 인파 때문에 아르바이트생 같은 봉사 요원들이 우왕좌왕하긴 했지만 전시

관 안을 가득 메운 것 치고는 질서 있고 조용했다. 전시관 곳곳에 안내 겸 감시 요원들이 배치되어 있었지만 관람객들의 눈에 띄지 않도록 배려하고 있어 별문제는 없었다.

시간이 꽤 지난 것 같았다. 그새 사람들이 거의 사라지고 한적하고 널찍한 분위기를 되찾아가고 있었다. 아내는 나와 보조를 맞추다가 내가 한곳에 멈추어 서서 좀 지체한다 싶으면 곳곳에 비치된 의자에 앉아 기다렸다. 우리는 서로 마주치다 멀어지다를 반복하고 있었다.

여행은 사실 고생이지

애쉬몰리언은 영국을 중심으로 치우치지 않고 유럽의 역사와 문화를 상당히 객관적 시각으로 다루고 있다는 느낌이 들었다. 특히 우리 같은 사람들이 유럽을 이해하기 위해서는 유럽이 어떠했다는 것 못지않게 유럽이 받은 해외 문화의 영향 같은 것도 필요하다. 이를테면 유럽 문화의 뿌리는 고대 그리스 로마 문화에 집중되어 있지만, 보기에 따라서는 그보다 훨씬 더 중요한 요인이었던 이슬람 문화에 대해서도 축소나 왜곡 없이 다루어야 한다. 애쉬몰리언에는 그런 것들이 상당히 보편적 시각으로 다루어져 있다는 느낌이었다. 관람객 중 아랍계 젊은 남녀가 많았던 것은 그런 객관적 시각에서 오는 영향이 아닐까 싶었다.

방대하고 자세하게 다룬 곳으로야 런던의 브리티시뮤지엄이나 파리의 루브르를 따를 수 없겠지만, 그런 곳들은 여행자로서 잠깐 만나 보기에 벅찰 정도로 방대했다. 아무리 작은 소도시라 해도 각 도시마다 갖추어져 있는 독일의 여러 박물관들은 그 도시나 지역의 역사를 꼼꼼하게 다루어놓은 걸로 세계적 수준이지만 그 많은 수의 박물관들을 다 돌아볼 수 없다. 한나절 정도로 유럽의 종합된 문화 역사를 찾아보기에 옥스퍼드 애쉬몰리언 박물관 만한 곳은 없을 것 같다.

나는 도서관이든 전시관이든 절대 정숙이 지켜지는 공간에

서는 숨막히는 고요함을 견디지 못해 오래 머물러 있지 못한다. 그렇지만 덴마크 북쪽 끝머리의 해변가에 자리 잡은 루이지애나 미술관은 전혀 사정이 달랐다. 전시장을 둘러보는 내내 창밖의 정원을 창을 통해 내다볼 수 있을 뿐 아니라 군데군데 출입구가 있어서 문을 열고 뜰에 나가 몇 시간이고 풀밭을 거닐거나 바다 너머로 빤히 보이는 스웨덴 땅을 바라보다가 다시 들어올 수 있어서 종일 작품을 관람할 수 있다. 루이지애나 미술관 이후 처음으로 옥스퍼드 애쉬몰리언 박물관에서 서너 시간을 훌쩍 넘겼다. 막 출구로 나오려는데 손에 무선 통신기를 들고 유니폼을 갖추어 입은 인도계 여직원이 다가와 관람하는 우리 모습이 인상 깊었다고 말했다. 전혀 눈치채지 못했지만 우리 뒤를 따라다녔던 모양인데, 감시를 했다기보다는 관심 있게 지켜봤다는 이야기였을 것이다. 박물관을 나서니 어느새 비는 그쳐 있었다.

「함부르크 모르겐포스트」

어느 해 여행의 마지막 행선지는 함부르크였다. 순전히 젊은 현대 작가 게르노트 그릭슈Gernot Gricksch(1964~)의 소설 『작은 벤치의 기적』(2004) 때문이었다. 소설은 알스터 호수 주변, 미 대사관이 있는 근처 잔디밭에 최근 설치된 벤치를 중심으로 호숫가에 산책 나온 사람들이 살아가는 일상을 모아 놓은 이야기였다. 동네라 해 봐야 그저 평범한 함부르크 시내 주택가일 뿐이고 스쳐지나가면 아무것도 아닐 평범한 일상이 펼쳐지는 주택가 경관이지만 소설에는 거기 사는 사람들의 일상과 어쩌면 꼭 그럴 것 같은 사생활이 낱낱이 실감나게 그려져 있었다. 애초부터 알스터 일대를 있는 그대로 무대로 가져왔으니 길거리 상점들이 모두 소설에 나오는 그대로인 건 당연하지만 그래도 소설에서 읽었던 것들이 눈앞에 생생하게 보이는 게 신기했다. 평소 경관을 조사하고 분석하던 내 연구 방식과는 전혀 다르게 새로웠다.

소설의 에피소드가 펼쳐진 곳들을 찾아보는 일은 순조롭게 진행되어 한나절이 채 되지 않아 어지간히 다닌 것 같았다. 다만 하나, 소설 속 이 동네 소식을 전해주고 있었던 신문 「함부르크 모르겐포스트」가 문제였다. 가판대며 서점의 신문 코너

기어의 장소

까지 눈에 띄는 대로 모두 살펴보았지만 내가 찾던 신문은 눈에 띄지 않았다. 함부르크를 떠나는 아침까지도 그러고 있었다. 무슨 말도 안 되는 걸로 힘을 빼고 있냐며 아내의 핀잔을 받았지만 그래도 그건 아니지. 이것마저 내 눈으로 확인했어야 했는데 못내 찜찜했다.

곧 공항으로 가야 했다. 짐을 챙겨 체크아웃을 하고 약간 시간 여유를 가지고 공항버스가 출발하는 중앙역 광장으로 나갔다. 공항버스 출발 시간을 확인하고 시간이 남아 길 건너편의 찻집에 들어갔다. 창가에 자리를 잡고 무심코 창밖으로 고개를 돌렸는데 바로 옆 창문 바깥, 누군가가 잠시 자리를 비운 자리 탁자 위에 놓여 있는 게 바로 「함부르크 모르겐포스트」였다.

"아, 드디어 찾았다!"

「함부르크 모르겐포스트」는 일간지가 아니라 일주일에 한 번씩 나오는 무료 배포지였다. 거기까지는 미처 생각을 하지 못했다. 어쨌든 운 좋게도 마침 그날이 무료지가 배포되는 날이었다. 공항버스에도 공항에도 온 동네에 지천으로 깔려 있었다. 정식으로 폼나게 한 부를 들었다. 눈에 띄는 기사가 하나 있었다. 북한 남자와 헤어진 지 40년 만에 편지로 해후한 독일 여성 이야기였다. 작은 벤치가 엮어준 함부르크 시민들의 일상 사연처럼 「함부르크 모르겐포스트」는 소설이 아닌 현실에서도 작은 기적들이 존재한다는 걸 보여주고 있었다. 두 사람이 그 뒤로 어떻게 되었는지는 모르지만 함부르크를 떠나는 시점에서 만난 이런 에피소드는 오히려 꾸며놓은 콩트보다 훨씬 더 드라마틱하지 않나?

가족 여행

오래전부터 나대로 특별히 바라던 게 있었다. 큰아이에 작은아이까지 우리 네 식구가 각자 자기 일을 하다가 한날한시에 유럽 모처에서 만나 단 며칠이라도 함께하는 것이었다. 정시간이 안 되면 한자리에 모여 식사라도 한 번 하는, 무슨 영화에나 나올 법한 별난 바람이었다만 몇 해 전 일종의 가족 여행 같은 그 비슷한 일이 이루어졌다.

큰아이는 몇 해를 벼르던 스코틀랜드 여행을 실행에 옮기려 하고 있었고, 작은아이는 몇 년 기한으로 독일에 취업을 하고 있었다. 공항 하나를 정해 놓고 큰아이를 그곳으로 오게 하고 작은아이를 휴가에 주말을 끼워 근무지에서 공항으로 오게 하여 합류한다. 어디든 며칠을 함께하다가 저대로 계획한 여행을 계속하거나 근무지로 돌아가게 하고, 우리는 곧바로 귀국하기로 하면 네 사람의 일정이 하나로 수렴되는 것이다. 작은아이는 한두 달 전에 예약을 하면 기차표만큼이나 싸게 국내 항공표를 살 수 있다 하니 좀 먼 거리라 해도 어디든 공항으로 오는 것은 별문제 될 게 아니었다. 다만 일정에 맞추어 휴가와 월차를 묶어내는 데 정성을 쏟기로 했다.

구체적으로 일정이 짜였다. 여행의 목적지는 체코의 호르니플라나로 하고 모이는 곳은 뮌헨 공항으로 한다. 우리는 공항 버스가 출발하는 뮌헨 근교의 프라이징으로 가서 아이들이 공항에 올 때까지 지내다가 아이들 도착하는 시간에 맞춰 공항으로 나간다. 시간상으로 작은아이가 한 시간 정도 먼저 도착할 예정이고, 잠시 후 큰아이가 도착하게 된다. 공항에서 곧바로 오스트리아와 국경을 마주하고 있는 파사우로 가서 하루를 묵고, 다음 날 아침 일찍 국경 도시 하이트뮐레로 가는 버스를 탄다. 하이트뮐레에서 걸어서 한 시간 정도 되는 곳의 국경 초소를 지나면 체코 내륙으로 들어가는 기차역이 나온다. 호르니플라나로 가는 기차는 하루 네 차례밖에 없지만 그날로 되돌아올 필요가 없으니 좀 늦은 기차를 타더라도 막차가 끊어져 걸어가야 한다든가 숲에서 길을 잃을 걸 걱정할 필요도 없다.

그 여행은 우리의 첫 유럽 여행과 무관하지 않았다. 그해 우리는 호르니플라나의 슈티프터 박물관에 갔다. 박물관에는 세계 여러 나라의 슈티프터Adalbert Stifter(1805~1868) 작품 번역본이 전시되어 있었다. 일본어 번역본도 버젓이 전시되어 있는데 우리말 번역본이 보이지 않았다. 여행을 마치고 집에 돌아와 아내가 번역한 슈티프터의『외로운 노인』번역본을 한 권 보내며 이걸 박물관에 전시해 주시면 영광이겠다는 쪽지를 보냈다.

호르니플라나 박물관에 번역본이 전시되어 있는지 확인하

는 걸로 가족 여행의 목표를 삼았다. 작가의 고향과도 밀접한 보헤미아 숲을 무대로 하고 있는『보헤미아의 숲』번역본도 한 부 챙기고 2003-2004년 여행한 우리 여행기『보헤미아 숲으로』도 한 권 박물관에 전하기로 했다. 그냥 우리의 바람일 뿐 애당초 번역본이 전시되어 있지 않다면 머쓱해질 수도 있고 확실하지도 않은 데다가 공연히 번거롭게 일을 벌일 건 아니어서 박물관에는 미리 연락을 하지 않기로 했다. 목표야 그랬지만 그게 어찌되던 상관하지 않는다. 아이들과 함께 국경 비무장지대 허허벌판을 걷고 체코 국경 시골 동네를 거쳐 가는 기차여행도 하며 호르니플라나에서 함께 며칠을 보내는 데 의미를 두기로 했다. 호르니플라나에서 며칠을 보내고 갔던 길을 그대로 되밟아 파사우까지 나온다. 파사우에서 하루를 묵고, 다음 날 큰아이는 파사우역에서 작별한다. 기차로 강 건너 오스트리아로 들어갔다가 자기가 계획한 길을 따라 북쪽으로 덴마크를 거쳐 영국으로 건너가는 혼자의 배낭여행을 떠난다. 작은아이는 우리와 함께 공항버스가 있는 프라이징으로 가서 거기서 그날 하루를 묵는다. 다음 날 아침 뮌헨 공항으로 가서 함부르크로 돌려보내고 우리는 두 시간 후에 이륙하는 비행기를 타고 귀국한다.

호르니플라나의 슈티프터 생가 박물관은 깨끗하게 리모델

링이 되어서 허름하던 생가 그대로의 맛은 없어졌지만, 새로운 전시 콘셉트로 단장된 전시실들은 한결 여유로워졌다. 우리말 번역본 『외로운 노인』은 일본어 번역본보다 더 눈에 띄게 예쁘게 전시되어 있었다. 마침 관장이 자리에 없어 연구원으로 보이는 직원에게 번역본 『보헤미아의 숲』과 우리의 여행기 『보헤미아 숲으로』를 증정했다. 쌍방 모두 서툰 영어로 소통을 했다. 나중에 관장님이 이 소식을 아시면 무척 반가워할 거라고 했지만 우리의 취지나 뜻까지 잘 전해졌는지는 모르겠다. 아무튼 그걸 확인하기 위해서라도 다음에 또 와야 할 것 같다.

며칠간 호르니플라나 외곽의 해 저무는 호수 길을 함께 걸으며 가족의 오붓한 시간을 가졌다. 뿔뿔이 흩어져 있더라도 잠시 함께 시간을 가져 보고 아쉬운 듯 짧은 만남 뒤에 모두 제 갈 길로 돌아가는, 원하던 그림대로였다. 스멀스멀 다음 목표가 뭉게구름 일 듯이 일었다. 나중에 우리 결혼 50주년이 될 즈음, 그래 봐야 난 여든이고 세 살 아래의 아내는 아직 70대 젊은 때일 테니, 그때 쉰 전후의 아이들과 다른 어디에서든 또 한 번 모이기로!

기억의 장소

숲에서 길을 잃다

헨젤과 그레텔

유럽 여행 첫해, 독일 남부의 산골 동네 프라우엔베르크에 숙소를 정하고 이튿날 체코 호르니플라나에 갔다가 돌아오는 길에 눈앞에서 기차를 놓쳤다. 다음 기차는 막차로 두 시간 후에나 있었다. 막차를 타고 가면 국경에서 숙소로 가는 버스가 끊기지만 달리 방법이 없었다. 맨몸에 여권만 챙겨왔을 뿐인데 그나마 그거라도 남아 있어서 망정이지 안 그랬으면 큰일 날 뻔했다. 아침에도 걸어서 왔는데 또 못 걸어갈 것도 아니라는 배짱이 생겼다.

그날 아침에도 눈앞에서 버스를 놓쳤다. 평소보다 일찍 도착한 버스는 정류장에 사람이 보이지 않자 그냥 지나가 버렸다. 독일 버스는 혹 일찍 정류장에 도착하면 서서 시간을 조정하였다가 정해진 시간에 맞춰 출발한다만 거기는 워낙 외진 곳이라 평소에도 타는 사람이 거의 없었던 데다 버스기사가 우리를 보지 못했던 모양이었다. 실은 일찌감치 버스정류장에 나왔었다. 시간이 너무 많이 남아 있었던 게 탈이었다. 그냥 길에 서 있는 것보다는 저 너머로 들어가 뭐가 있나 구경이나 좀 하자며 갔다가 숲 속에 아담하게 자리 잡은 유스호스텔을 발견하고 둘러보다 온 길이었다. 시간 여유를 두고 정류장으로 돌아 나오는데 마침 그때 버스가 획 지나가버린 것이다. 마구 손을 흔들며 뛰어갔지만 소용없었다. 다음 버스는 두 시간 뒤에나 있다. 국경 도시 하이트뮐레에서 버스를 내려 국경까지 또 삼십 분 이상 걸어가야 하니 차라리 그냥 걸어가는 게 낫겠다 생각하고 국경까지 걸었다. 국경에는 독일과 체코 초소가 각각 일정한 거리를 두고 나란히 서 있었다. 독일 쪽 통관 절차는 거의 형식적인 것이었지만 체코에서는 유난을 떨었다. 여권을 받아들어 공연히 우리를 째려보듯 스캔을 하고는 안쪽 사무실로 들어가서 전화를 들고 무슨 통화도 하고 그러는데, 그게 그냥 폼으로 그러는 걸 내 모르는 것 아니었다.

호르니플라나역에서 두 시간을 기다렸다가 막차를 타고 국경으로 돌아왔다. 아침에는 그리도 야단법석이더니 국경 초소도 그냥 통과했다. 기차를 타고 온 다른 사람들은 모두 주차

해 놓았던 자기네 차를 타고 돌아가 버렸다. 아침에는 기차시간 맞춰 정신없이 걷느라 하이트밀레에서 이곳 국경 초소까지 얼마나 멀었는지는 기억도 나지 않고 호텔까지는 하이트밀레 시내에서 또 한 시간 이상 걸어가야 했지만, 우리에겐 걷는 것 외에는 달리 방법이 없었다. 버스시간표를 살펴보고 뭐고 할 것도 없이 그 시간에 버스가 없는 건 당연했다. 그냥 고! 걷기 시작했다.

늦은 시간 국경지대라 지나다니는 차도 없고 어떤 위험할 것도 소음도 없었다. 아침에 걸어왔던 길이어서 낯설지 않았다. 길옆으로 짙은 숲이 계속 이어지는데 마침 숲으로 들어가는 임도가 갈라지는 길목이 나왔다. 숲길로 들어갈까 그랬더니 아내는 별 생각 없이 오케이 그랬다. 어두워져서 길을 잃으면 어떡하나, 무섭지 않을까, 그런 사소한 걱정은 아예 붙들어 매어 놓고 내 말이면 무조건 동조하는 아내는 겉보기와는 다르게 쿨하고 과감하다. 그게 맘에 들기도 하고 그 반대이기도 하고 그렇다.

이미 많이 늦은 시간이지만 위도로 따지자면 최소 만주 벌판 어디쯤 되는 고위도인 데다 주위에 높은 산이 없어서 지평선으로 해가 넘어가기까지는 시간이 많이 남았다. 늦도록 훤히 밝다고는 해도 해가 지면 어스름 같은 약간의 유예도 없이 금방 어두워져버린다. 그래도 상관없었다. 이럴 경우에 대비해서 약도 수준이기는 하지만 복사해 놓은 지도도 있고 비상용 미니 손전등도 챙겨 두었다. 게다가 임도는 도로를 따라 길게 이어져 있고 그걸 따라가면 거의 차도를 따라가는 거나 다름없으니 전혀 문제될 게 없었다. 아내는 어떤 상황이든 최소한의 안전장치를 가지고 움직이는 걸 봐 왔기에 그냥 날 믿어버린 거지.

아내의 오케이 사인이 나자 곧장 숲으로 들어섰다. 임도는 이렇다 하게 예각으로 생긴 갈림길조차 없이 똑바로 차도와 평행되게 일직선으로 나 있었고 때때로 지도에서 우리 위치를 확인하고 있으니 달리 문제가 될 일도 없었다. 그저 갈 길이 멀다는 것과 그런 먼 거리를 오랫동안 걸어야 한다는 게 문제라면 문제랄까, 해가 지기 전까지는 아무 문제가 없었다. 어두워지는가 싶더니 순식간에 깜깜해졌다. 달빛도 없고 주위에는 짙은 숲 외의 어떤 것도 없었다. 회심의 미소, "짠!" 하며 몰래 챙겨온 손전등을 꺼내들었다. 평소 깜짝쇼를 한다거나 무슨 기념 이벤트를 한다거나 하는 일상의 사소한 일과는 담을 쌓고 살았지만 이벤트란 게 뭐 별건가, 이럴 때 미니 전등을 획 꺼내 든다던가 하는 게 그런 거지. 그러나 기대와는 다르게 건전지가 다 방전되었는지 몇 걸음도 못 견디고 스르르 꺼져 버렸다. 아뿔싸. 건전지를 미처 못 챙겼다.

독일의 숲은 대낮에도 햇빛이 들지 않을 정도로 짙다. 이제 해도 졌고 바로 옆에 있는 아내도 분간이 안 될 정도로 어두워졌는데 지도를 펴고도 읽을 수가 없었다. 이제까지 없던 갈림길에 샛길은 또 왜 그리 자주 나오는지. 우리는 말이 없어졌고 필사적으로 걸었다. 그림 동화의 헨젤과 그레텔이 되어 버렸다. 미처 조약돌을 준비하지 못해 급한 대로 점심으로 싸온 빵을 뜯어 한 조각씩 떨어뜨려 놓았지만 산새들이 다 쪼아 먹어 집으로 돌아갈 길을 찾을 수 없었던 두 아이처럼, 숲속에서 우

리는 길을 잃었다.

"우리 이러다가 헨젤과 그레텔 되는 거 아냐?"
"이미 그 지경이 된 거 같은데?"
"그럼 좀 있다가 마녀의 과자 집을 만나는 건가?"

별 도움이 되지 않을 게 뻔한 농담을 해 보지만 온몸으로 지형지물을 살피느라 머리가 복잡했다. 우리나라 시골 숲에서 출몰하던 토종 귀신에 홀렸다면 밤새도록 같은 자리를 뱅뱅 돌다 지쳐버렸을 테지만 독일 숲에서 우리는 그런 불행을 비껴갔다. 얼마나 걸었는지도 모르게 한참을 헤맸는데 어느 순간 펑 하며 아침에 본 유스호스텔이 나타났다. 거기서라면 호텔을 찾아가는 데 아무 문제가 없었다. 이 밤에 헤맬 걸 예견한 누군가가 미리 이 길을 알려 주느라 아침에 여기 미리 데려다 놓기라도 했다는 건가, 우리는 분명 길을 잃었고 칠흑 같은 어둠 속에서 숲을 헤매고 있었는데 기적같이 거기에 닿았다. 방에 돌아와 어떻게 해서 유스호스텔에 도착했는지 지도를 펴 놓고 봐도 도무지 알 수가 없었다. 경로상으로 봐도 그리로 가려면 최소 한 차례는 큰길을 건너게 되어 있었지만, 큰길은커녕 작은 오솔길조차 만난 적이 없었다.

와이파이 길 찾기

　큰아이가 지난번 유럽 여행 때 썼다며 유심 칩 같은 걸 하나 줬다. 스마트폰에 그걸 끼우면 한 달간 맘껏 인터넷 접속을 할 수 있으니 우리처럼 한 달 정도 여행할 때 편할 거라 그랬다. 사용 한도 용량이 있긴 하지만 나처럼 인터넷 검색이나 구글맵을 볼 때만 쓴다면 용량은 신경쓸 필요도 없을 것 같았다. 참 많이 편해졌다만 이젠 누군가가 '이런 게 있소이다.'라며 가르쳐주지 않으면 그런 게 있는지조차 모르고 지나쳐야 할 입장이 되는 것 같다.

　여행 중 가장 긴장되는 것은 다음 숙소로 이동할 때다. 특히 도시 외곽으로 벗어난 시골을 찾다 보면 무겁게 짐까지 있다 보니 더욱 그랬다. 미리 운전기사에게 우리의 목적지를 일러두고 내릴 때를 알려 달라고 하면 되지만 그마저 방심할 수는 없는 건, 깜빡했는지 아니면 괜히 심술부리느라 그런지 기사가 알려주지 않고 그냥 지나쳐 버리는 경우도 있기 때문이다. 어쩌다 목적지를 일러두지 않고 저 뒷자리로 멀찍이 가 있거나 바깥 경치 구경한답시고 이층버스 위층으로 올라가 보기라도 하면 몹시 성가시다. 어떤 경우든 준비를 하고 있어야 했지만 그런 편한 게 있어서 이동 중 버스에서도 맵으로 내 위치를 확인할 수 있다면 훨씬 수월한 여행이 될 것 같았다. 윈더미어에서 체크아웃을 하고 그래스미어를 찾아갈 때도 그랬다. 계속 전방을 주시하고 구글맵을 들여다보았다. 운전기사의 친절한 배려도 있었고, 또 나도 거기쯤일 거라고 짐작되던 곳에 도착하는 데까지는 문제가 없었다. 정작 문제는 버스에서 내려서부터였다. 기다렸다는 듯이 폭우가 쏟아졌다. 급히 우산과 우비를 꺼내 무장은 했지만 잠깐 사이에 흠뻑 젖어버렸다. 눈길 가는 사방에 집도 절도 없고 버스정류장 표시 하나 외에는 그 어떤 표지판도 눈에 띄지 않았다. 길은 멀리 고개 너머로 이어져가고 우리가 타고 온 버스도 좌회전하여 가 버렸다. 그리로는 버스도 다니지 않는지 지나다니는 승용차들도 별로 보이지 않는데, 우리처럼 대중교통을 이용해야 하는 나그네 입장에서 그 너머는 영원으로 이어진 미지의 세계일 뿐이었다. 그래스미어는 관광객으로 넘쳐나던 윈더미어와는 달랐다. 제대로 호수 지방 원시 자연 속 깊숙이 들어온 것 같아 바짝 힘이 들어갔다.

값도 적당하고 한적한

곳을 우선적으로 숙소를 잡다 보면 교통이 불편해서 애를 먹는 경우가 생긴다. 그래스미어 버스 정류장에서도 그런 불안감이 엄습했다. 캐리어에 배낭도 가볍지 않고, 비까지 억수로 쏟아지는데, 이런 식으로 숙소를 찾아가려면 또 얼마나 먼 거리를 얼마나 헤매야 할까.

호텔을 찾아가느라 애먹었던 예전 기억들이 떠올랐다. 처음 여행을 시작했을 때만 해도 유럽에는 휴대전화를 들고 다니는 사람들이 거의 없었고 우리도 휴대전화가 없었다. 집에 남겨 놓은 아이들이 잘 있는지 알아보려 해도 공중전화에서 동전을 넣고 통화를 해야 했다. 저렴한 호텔들이라 그랬던 건지 우리가 묵은 호텔에서는 인터넷이 되는 곳이 거의 없었다. 2003년 여행 때 오스트리아 빈에 며칠 있다가 린츠에 갔다. 거기서 본격적으로 체코 국경 가까운 독일 남부로 가야 했다. 지도로 파악되는 체코 국경 일대는 취락이 형성되지 않고 띄엄띄엄 농가가 하나 있을까 싶은 산촌(散村)이어서 현지에서 숙소를 찾아다니기 마땅치가 않았다. 미리 예약을 해야 할 것 같았지만 숙소에 관한 정보도 연락할 방법도 없었다. 인터넷 검색을 좀 하려 해도 PC를 할 수 있는 방법이 없었다.

린츠는 오스트리아에서 세 번째로 큰 도시지만 시내를 뒤져서 겨우 한 군데 PC방을 찾아냈다. "린츠 유일의 PC방"이라

간판을 내걸어 둔 걸 보니 진짜 그곳 외에는 PC방이 없는 모양이었다. PC방 문화로야 우리나라가 세계 최고 수준이었다. 2002년 월드컵 때는 외신 기자들이 환호했다. 전국 어디서도 PC방을 만날 수 있었고 PC방 어디서도 초고속 인터넷 접속이 가능했다. 굳이 프레스센터로 돌아갈 것도 없이 현장 가까이에서 본사로 기사를 송고하는 데 어떤 어려움도 없었으니 얼마나 놀랐겠나. 그랬던 우리의 PC방 수준에 비하면 유럽은 분명 후진국 수준을 벗어나지 못하고 있었다.

린츠의 PC방은 카페 분위기였다. 둥근 탁자가 몇 개 놓여 있고 탁자에 놓인 PC 앞에 젊은 친구들이 몇몇 앉아 인터넷을 하고 있는데 꼭 시골 마을회관의 둥근 탁자에 PC 몇 대 갖다 놓은 것 같기도 해서 많이 어색했다. 그래도 이 도시의 유일한 PC방이니 주인장은 자부심 어린 표정으로 우리를 맞아 주었다. 먼저 얼마나 사용할 건지를 물었다. 해봐야 알지, 얼마나 걸릴지 그걸 어떻게 알고 그러나? 일단 삼십 분 단위로 정해져 있는 사용료를 선불하고 시작하다가 시간이 모자라면 더 연장해서 비용을 지불하고, 시간이 남으면 그냥 남는 시간만큼 더 가지고 놀거나 아니면 남은 시간은 버리거나 뭐 그런 것 같았다. 일단 삼십 분 사용료를 냈다. 얼마였는지는 기억이 나지 않는데 그리 싸지는 않았던 것 같다.

어렵사리 몇 군데 호텔을 찾아내어 전화번호를 메모하고 PC방을 나왔다. 동전을 넉넉히 준비하여 공중전화로 갔다. 국제 전화는 거의 초 단위로 동선이 뚝뚝 떨어지는 틈에 전화에 집중하기 어렵다만, 오스트리아와 독일은 그냥 국내 전화하듯이 통화가 가능했다. 호텔과의 통화는 당연히 나보다 독일어 실력이 한 수 위인 아내 몫이었다. 첫 통화에 빈방이 있다는 호텔과 연결이 되었다. 어떻게 오면 되는지 안내도 받았다. 오스트리아의 국경을 지나 독일 파사우까지 가서 체코와 국경을 이룬 국경 도시 하이트뮐레로 가는 버스를 타면 되는데, 워낙 시골이라 버스 정류장 표시가 제대로 되어 있지 않으니 기사에게 프라우엔베르크에 내려달라고 하라 그랬다. 버스에서 내리면 대각선 방향으로 호텔이 빤히 보일 거라는 이야기였다.

얼마나 잤을까, 눈을 떠 보았는데 버스는 여전히 일정한 속도로 조용히 들길 사이를 달리고 있었다. 아내도 거의 인사불성으로 잠이 들어 있었다. 중간에 하차할 손님도 정차할 정류장도 거의 없이 시원하게 달리던 중 어디 즈음에서 운전기사가 다음에 내리라고 신호를 주었다. 오, 드디어 도착했다. 작은 캐리어 하나에 각자 배낭을 챙겨 메고 풀썩 버스에서 내렸다. 마지막 손님이었던 우리를 내려주고 버스는 급히 제 갈 길로 달려갔다. 문제는 거기부터였다. 사방에 민가라고는 보이지 않고 멀리 완만하게 흘러가는 짙은 숲을 안은 산봉우리만 아늑하게 이어지고 있었다. 산봉우리 아래로 끝없는 들판에 밀밭이나 초지만 가득한데, 호텔 아니라 작은 집 하나 없었다. 이런 시골에 호텔이 있을 걸 기대해도 되는 것인지, 여기가 정말 우리가 내릴 그곳인지 공중전화도 보이지 않고 안내 표지판도 보이지 않는다. 지나다니는 사람도 눈에 띄지 않는데 젠장, 날은 너무 좋아 햇살이 따가웠다. 호텔을 찾느라 짐을 끌고 허허벌판 길을 따라 무작정 오르내릴 수도 없고 그렇다고 아내보고 쫓아다니랄 수도 없었다. 일단 내 짐을 내려놓았다. 아내에게 거기서 짐 지키고 있으라며 혼자 허허벌판 길 위에 세워놓고 인도도 없는 차도를 따라 위로 아래로 한참을 오르내리며 짐작할 만한 단서라도 찾느라 애를 먹었다.

그래스미어에서 딱 그 사정이 되었다. 그나마 프라우엔베르크에서는 날이나 쾌청했지, 그래스미어는 비까지 마구 쏟아내며 사정을 봐주지 않았다. 길 건너편 대각선 방향 빗줄기 사이로 뿌옇게 하얀 벽체에 검게 칠한 목조가 산뜻하게 대조를 이룬 영국식 전통 가옥이 하나 보이긴 한데, 비안개에 가려 간판 글씨가 잘 보이지 않지만 예약해 둔 게스트하우스는 아닌 것 같았다. 삼거리 모퉁이 버스 정류장에 서서 세 방향 중 어디를 목표로 해야 하나 점쳐 보지만 어떤 판단할 잣대도 없었다. 스마트폰을 꺼내어 구글맵을 찾아볼 겨를도 없이 비는 쏟아지고, 제대로 정류장이나 맞게 내린 건지 물어보려 해도 지나다니는 사람조차 없었다. 그냥 막연히게 기다린다고 해결될 건 아니고, 일단 아무대로나 방향을 잡고 가 보자. 맞으면 맞고 아니면 돌아 나와 다른 길을 찾아가는 거지 뭐. 그나마 네거리가 아니라 세 갈레인 게 다행이었다. 방금 버스를 타고 온 길은 빼고 다른 둘 중 하나, 일단 길을 건너 큰길이 이어지는 쪽으로 방향을 잡았다. 잡초 우거진 길 모퉁이의 풀밭을 돌아가자 풀밭 너머로 빤히 뭔가가 보이는데 역시나 백 미터 정도 되는 곳에 2층짜리 아담한 게스트하우스가 우리를 반겨주었다. 다행히 생각보다 빨리 쉽게 숙소를 찾았다.

목장 길 트레일

고등학교 1학년 때 교내 합창반에 들어갔다. 그때 연습했던 곡 중에 '목장 길 따라 밤길 거닐어⋯⋯'라는 가사로 시작하는 노래가 있었다.

목장 길 따라 밤길 거닐어 고운 님 함께 집에 오는데
목장 길 따라 밤길 거닐어 고운 님 함께 집에 오는데

멜로디만 살짝 다르게 같은 가사가 한차례 반복되고 단순하게 돌아가는 후렴구가 나온다.

농가의 농가의 농가의 펌프, 농가의 펌프, 농가의 펌프
농가의 농가의 농가의 펌프, 농가의 펌프, 펌펌펌!

체코 보헤미아 지방의 민요 「stodora pumpa창고 농가의 펌프」의 원제목을 따오느라 그랬을 것 같지만 제목이 좀 촌스럽게도 「농가의 펌프」였다. 나중에 유명 포크 가수 김세환 씨가 「목장 길 따라」라는 세련된 제목으로 불러 크게 인기를 얻었다. 읍내에서 춤을 추고 놀다가 목장 길 따라 밤길을 걸어서

님과 함께 집으로 돌아가는 길인데, 왜 거기서 농가의 창고가 나오고 펌프가 나올까? 굳이 따지자면 복잡할 것 같다. 어느 게 본 가사고 어느 게 후렴인지 구분이 안 가도록 아예 노래 전체가 두 개의 후렴구처럼 돌아가는데, 아무튼 노래는 경쾌했고 가사도 아름다웠다.

잉글랜드 남부 『곰돌이 푸Winnie the Pooh』(1926)와 『푸 코너의 집The House at Pooh Corner』(1928)의 하트필드에 갔다가 푸 코너Pooh Corner에서 시작하여 개울 위에 걸려 있는 다리Pooh Sticks Bridge까지 갔다 오는 트레일을 따라 걸었다. 한걸음 앞서 일본인으로 보이는 젊은 한 쌍이 걷고 있었다. 우리는 전혀 바쁠 게 없이 천천히 걸었더니 몇 걸음 가지 않아 시야에서 사라졌다. 목장과 숲 사이로 난 오솔길을 따라가는데 자연이 펼쳐진 것 외에 특별한 느낌을 받을 건 아니었다. 한참을 가던 중 목장 울타리에 막혀 길이 끊어졌다. 목장으로 들어가는 쪽문이 있었지만 난감했다. 생각해 보니 이 트레일이 시작되던 지점에도 커다란 문이 있었고 그 옆으로 작은 협문이 있어서 그걸 열고 들어오지 않나. 그 때부터 우리는 목장 지역으로 들어와 있었던 것 같은데, 그렇다면 여기서도 목장 문을 열고 들어가는 게 맞을지 모르겠다. 문고리를 찾아 열고 들어갔다가 다시 문고리를 걸어 잠갔다. 이젠 목장 옆길이 아니라 아예 목장 안이었다. 목장 초원을 가로질러 길을 가는데 여전히 확신이 서지 않았다. 혹시나 주인이 나와서 "당신들 뭐요!"라며 혼낼 것 같고, 그 때문에 조금 긴장했지만 이 나이에 혼 좀 나는 거야 뭐 이내 무덤덤해졌다.

해일의 위협이 항존하는 북해 연안의 목초지와는 전혀 다른 느낌이었다. 몸을 못 가눌 지경으로 몰아치는 바람 속에서, 울타리 너머로 우리를 궁금해하는 두어 마리 말들이 반가운 북부 독일의 광야와는 다른 느낌이었다. 우리는 온갖 목가적 분위기에 취해 목장의 풀밭을 따라가다가 목장 울타리를 만나

면 쪽문을 열고 이웃의 목장으로 들어서서 느긋하게 풀꽃도 들여다보며 계속 나아갔다. 누구도 만날 일이 없었다. 날도 따뜻한 게 더없이 상쾌했다. 내내 "목장 길 따라 밤길 거닐어~" 농가의 펌프 가락을 흥얼거렸다. 목장이 끝나면 다음 이웃 목장이 나오고, 그런 식으로 몇 개의 목장을 거쳐 지나왔는지 모르겠다. 어떤 문은 그냥 고리를 열고 들어가 다시 고리를 걸게 되어 있고, 어떤 곳에서는 문이 아니라 울타리에 걸쳐서 두세 단의 간이 계단을 만들어 두어 그걸 타고 넘나드는 식이었다. 그건 새로운 경험이었다. 처음엔 발을 딛고 올라섰다가 울타리를 넘어서 다시 발판에 내딛는 게 어설퍼 균형을 잡기가 힘들었다. 손도 잡아주고 공연히 고마워요, 이러면서 걸었다.

목장 하나하나는 상당히 넓었다. 완만히 구릉진 대지의 주름에 건너편 언덕과 계곡의 동네가 보일 듯 말 듯하고 살짝 겹쳐오는 풀밭의 꽃과 열매 맺은 알맹이들이 우리의 시선 높이에서 어른거렸다. 아름다운 풍경은 카메라에 담을 수 있지만 시야에 들어오는 중첩된 풀꽃의 향연은 사진으로는 도저히 표현할 수가 없었다. 이리저리 카메라를 들이대고 수없이 찰칵거리다가 목장 풀밭을 수놓은 야생초의 은은한 색을 카메라에 담으려는 부질없는 짓일랑 그만두고 그냥 마음으로 담아 두는 걸로 고쳐먹었다.

하든 홀은 프란코 제피렐리 감독의 영화 〈제인 에어〉(1996)
의 촬영 무대가 된 오래된 저택이다. 영화로 만난 그곳은 저택
에 달린 자그마한 정원이 인상적이었고 주변 경관이 아름다
웠다. 하든 홀에 가려면 일단 버스를 타고 베이크웰까지 가야
했다. 베이커웰에서는 인근 마을로 다니는 여러 노선의 버스
들이 출발하는데 그 중 두 개 정도가 하든 홀 앞을 지나간다.
그걸 타면 10분도 안 걸려 도착할 수 있다. 버스가 다니는 길
은 베이크웰 시내를 벗어나 곧장 일직선으로 똑바로 나 있어
서 걸어서 가기에도 좋아 보이지만 구글맵 영상으로 확인하니
걸어서 가기에는 문제가 좀 있었다. 시내를 벗어나면 이내 인
도가 없어지고 이후 내내 차도의 어느 쪽으로도 인도가 제대
로 나 있지 않은 것 같다. 차가 쌩쌩 대며 지나다니는 차도 한
쪽으로 걸어가는 건 바람직하지 않다. 달리 찾아낸 경로는 베
이크웰 시내를 벗어나 산길을 따라가는 길이었다. 원래 맨체
스터 레일웨이의 철로가 지나던 폐선 구간을 트레일로 개발한
몬살트레일을 따라가는 것이다. 트레일을 따라가면 보통 걷기
보다는 시간이 더 걸릴 수 있지만, 최소한 한가하게 여유라도
부리며 갈 수 있으니 나쁘지 않다. 지도상에서 보이는 하든 홀
에는 저택을 둘러싼 넓은 초원이 있었는데 영국 풍경식 정원
이 분명했다. 그것도 확인할 겸 정원이라 여겨지는 바깥 외곽

으로부터 천천히 걸어서 찾아가는 것도 좋을 것 같았다. 그 역시 문제가 없지는 않았다. 하든 홀 저택에 거의 근접해 갈 부근에서부터 지도상의 트레일이 애매하게 끊어져 있어서 현지에서 그게 어떻게 될지 미지수였다.

어디든 중요한 목적지 치고 쉽게 그 모습을 드러내 주는 경우가 없다는 걸 잘 안다만, 하든 홀을 찾아가던 그날도 쉽게 넘어가지는 않았다. 일찍 숙소를 나섰다. 트레일로 접어드는 지점을 찾는 데부터 진을 뺐다. 한참 시간을 지체하며 어떻게든 트레일을 찾아들었다. 예전 산업 시대의 철로가 지나가던 폐선 구간의 몬살트레일, 이른 아침이라 그런지 아무도 지나다니는 사람 없는 조용한 직선 길이 기분 좋게 이어졌다. 간간이 산줄기를 돌아가느라 크게 휘어드는 구간이 있지만 철로였던 곳의 특성상 거의 대부분 일직선으로 쭉 뻗었고 곡선이나 직선 구간이나 모두 수평을 이루어 경사진 곳도 없이 걷기에 편했다. 비가 오다 그치기를 반복했지만 우리에게는 우산과 우비가 있으니 문제될 건 아니었다. 우리가 찾아든 건 폐철로 트레일의 마지막 구간이었다. 폐철로가 끝나면서 트레일은 철둑 아래로 내려와 숲길로 이어졌다. 그것까지는 지도에서 이미 파악된 거라 당황할 건 아니었다. 군데군데 땅이 패여 있으면서 그리로 주위 물이 흘러들어 고인 상태인 곳이 많아 걷기가 쉽지 않았다. 원체 햇빛이 들지 않아 음습한 곳이어서 평소에도 축축해 있을 것 같다. 얼마 전까지 내린 비에 바닥은 온통 질퍽이는 진창이었다. 여기저기 말발굽 자국이 어지럽게 널려 있는 걸로 보면 승마 트레일로도 쓰이는 모양이었다. 말이 밟아 놓은 발굽 자국이 난 곳은 바닥이 곤죽이었다. 그나마 그 길조차 어느 외딴 농가 같은 집 안으로 이어지면서 끝이 났다. 지도상에서 확실히 확인되지 않아 일말의 불안한 상태로 남겨져 있던 구간이었다.

여행을 떠나오기 전해에 아내 발에 물집이 생겼다. 세상에 물집 때문에 병원을 가는 사람이 어디 있겠냐마는 약으로도 진정되지 않고 병원을 가야 할 지경으로 상태가 심상치 않았다. 얼마간 꾸준히 치료하여 아물기는 했지만 발을 습한 상태로 두거나 관리를 조금이라도 소홀히 했다 싶으면 곧 물집이 생기는 이상 조짐을 보였다. 무릎에 무리를 주지 않고 허리 근육을 키우기 좋다고 수영장에 열심히 다니면서 재미를 붙이던 즈음 물집이 있던 곳으로 세균 감염이 된 모양이었다. 통풍과 건조를 잘 시켜줘야 한다며 평소 동네를 다니거나 주말에 산사를 갈 때도 구두나 운동화를 신지 않고 맨발에 슬리퍼 차림이었다. 도저히 견딜 수 없는 추운 날씨가 아니고는 한겨울에도 거의 맨발에 슬리퍼였다. 겨울을 한 번 지나면서 상태가 상

숲에서 길을 잃다

당히 양호해지나 했지만 봄이 되고 여름이 가까워 오자 다시 기승을 부렸다.

병원 신세를 지며 아직 조심해야 할 상태에서 유럽에 왔다. 여행 내내 맨발에 슬리퍼 차림이었다. 하든 홀을 가던 그 날도 맨발에 슬리퍼였다. 철로 구간을 벗어나면서 숲길로 접어들었을 때부터 발은 질퍽한 진흙탕에 완전 노출되어 있었다. 질퍽대던 길이 끝나면서 이어지는 구간은 울타리 쪽문을 열고 들어가는 목장이었다. 그즈음에서 진즉 되돌아갔어야 했지만 어떻게든 이 구간이 짧게 끝나길 기원하며 그냥 입을 다물고 있었다. 비가 오지 않거나 비에 젖어 있지 않을 때의 목장 초지는 큰 문제가 아니지만 비가 와서 젖어 있으면 참을 수 없는 지경이 된다. 풍경식 정원에 관한 독일 옛 문헌에서, 영국의 정원에서 길이 없어져 버리는 질퍽한 목초지의 불쾌한 바닥 사정에 관해 언급했던 부분이 생각났다.

"영국의 파크에서는 길이 거의 없다. 아주 드물게는 파크 전체의 순환로 정도만 있기도 하다. 플레저그라운드에서 나온 오솔길이 파크로 이어지다가 길을 에워싼 철망 울타리를 만나면서 끊어지기 일쑤다. 젖은 풀 위의 구역은 그 구역을 점유한 네발 친구들이 남겨놓은 불쾌한 흔적들 사이를 힘겹게 헤매야 하게

되어 있다.” (『풍경식 정원』-길 p.95)

　험난한 지경을 겪고 보니 『풍경식 정원』(1834)의 그런 상황을 알아차릴 수 있었다. 아, 그게 이런 걸 두고 한 말이었구나. 그나마 그 책의 저자야 최소한 부츠나 장화 같은 걸 신었겠지만 우리는 완전 무방비 상태였다. 내 운동화는 이미 오래 전부터 진창물로 가득 찼고, 아내의 슬리퍼에는 물이 제멋대로 들고 나고 있었다. 최소한 그즈음에서 그날의 행군을 포기해야 했다. 상황이 점점 더 안 좋아질 게 분명한데 그래도 저 고개만 넘어서면 곧바로 목적지가 빤히 보일 것 같은 미련에 되돌아갈 수는 없었다. 그만 돌아가자고 이야기를 꺼내지 못하고 아내의 상태만 살피며 한 걸음 두 걸음 내딛고 있었다. 한참을 그러다가 기어코 아내가 슬픈 표정이 되어서야 정신이 들었다.

　“저기, 아무래도 안 될 것 같아. ㅜㅜ”
　“그래? 안 되겠지? 이놈의 풀밭이 완전히 떡이 되어 있네. 며칠 비가 오더니 이게 뭐야. 그래 돌아가자!”

　그 즉시 걸음을 멈추었다. 목적지가 바로 저기 있을 것 같은데 포기하고 되돌아가려니 맥이 빠졌다. 목장 풀밭이 저렇게

나 짓물려 있지만 않았다면 하든 홀로 가는 이 한나절의 트래킹은 할 만했을 것이라 미련을 버리지 못했다.

피크 디스트릭트를 떠나기 전, 날을 잡아 어디든 정해 놓은 목적지 없이 몬살트레일을 좀 걷기로 했다. 일전에 하든 홀을 찾아가던 날 트레일을 들어서는 들목을 못 찾아 애를 먹은 전력 덕에 이 날은 문제없이 고속도로 진입로 들어가듯 쉽게 찾았다. 오르막도 내리막도 없고 크게 꼬불꼬불하지 않아 하루 종일이라도 걸을 수 있을 것 같았다. 오로지 직진만 있을 뿐이어서 편안하긴 하지만 지루할 수도 있고, 적당히 돌아갈 명분을 삼을 만한 변수가 나오지 않으니 돌아갈 지점도 적당히 알아서 판단해야 했다. 조금 변화를 주는 게 좋겠다 싶었다. 길을 잘못 들어 헤매거나 찻길의 소음을 감수해야 하지만, 트레일을 벗어나 동네가 있는 쪽으로 들어가 국도를 따라가 보기로 했다.

몬살트레일을 벗어나 동네로 들어서니 동네가 크지 않아 평지에 초지가 질펀하게 펼쳐진 곳이 시작되었다. 지형지물이라고는 목초지 사이로 난 시골길뿐이고 마을이라기보다는 규모가 큰 목장을 거느린 농장 저택만 듬성듬성 보였다. 여행 길에서 생기는 대부분의 문제는 자신의 정위치를 찾지 못한

데서 생긴다. 시골이나 산골을 다니는 중에는 수시로 구글맵을 보며 현재 위치를 확인하는 게 최선의 방법이다만 구글맵에 제대로 표시되지 않은 구간이 나오면 문제가 달라진다. 내가 쓰던 만능 유심 칩은 2G여서 목장 초지에 들어서면 맵에는 빈 바탕만 나와 사실상 길이 없어져 버린다. 편한 길을 마다하고 동네로 들어갔다가 예상처럼 다시 고생스러움과 마주했다. 잘 나가던 길이 크게 90도로 꺾이면서 소로가 되어 계속 이어져 있고, 우리가 향하던 큰길은 거기서 끝이 났다. 그리고 길 끝에는 목장으로 들어가는 문이 있었다. 지금까지의 경험으로 보면 이런 경우는 거의 틀림없이 목장을 가로질러서 저 너머의 도로나 트레일로 이어지게 되어 있다. 그래도 혹시나 해서 소로를 따라 꺾어진 길을 조금 더 들어가 봤지만 역시나 거기는 작은 동네 안길이라 왔던 길로 되돌아가게 되어 있었다. 우리가 가야할 트레일은 목장을 건너가야 하는 게 분명했다.

익숙한 솜씨로 문을 따고 목장으로 들어섰다. 쾌청하던 날씨가 급변하여 금방이라도 비가 쏟아질 것 같다. 아직 비는 오지 않는데 이미 며칠 전까지 내렸던 비의 영향으로 풀밭은 이미 진창이 되어 있었다. 이 구간으로는 평소 지나다니는 사람이 별로 없던 탓인지 풀밭에는 사람들이 지나다닌 흔적조차 희미해지다가 중간 어디쯤에서는 완전히 사라져 버렸다. 1분도 채 지나지 않아 기어코 비가 쏟아졌다. 급히 우장을 꺼내어 무장을 해야 했다. 굵은 빗줄기에 둘러싸여 버렸고 비안개는 뿌옇게 시야를 가려 버렸다. 엎친 데 덮친 격으로 저 멀리 우리가 가는 방향으로 돌담이 좌우로 길게 있으면서 좌측에도 문이 보이고 우측에도 문이 보이는데, 우리가 가야할 게 어느 쪽인지 방향을 잡을 수가 없었다. 바닥은 진창이 되어 더욱 물컹거리고 우리 앞에는 덩치 큰 황소와 암소 그리고 일가족처럼 보이는 소떼가 어미소 옆을 떠나지 않고 옹기종기 모여 있으면서 몹시 귀찮다는 듯이 우리를 바라보고 있었다. 이쪽 문이

나 저쪽 문을 향해 가야 한다. 여차하면 저 녀석들 사이를 뚫고 가야 할지 모르는데, 우리 눈에는 어디로든 지나가지 못 하게 길목을 틀어막고 있는 것처럼 보였다.

매의 눈으로 풀밭 위를 노려보며 약간이라도 남아 있을 답의 흔적을 찾는데, 이제 헛것이 보이는지 희미하게 무슨 길의 흔적 같은 게 보이는가 싶다가도 사라지고 그랬다. 우선 한쪽으로 방향을 잡고 갔다가 그쪽이 아니면 돌아 나와 다시 다른쪽으로 가면 되겠지만 그럴 만한 기력조차 없었다. 어떻게도 선뜻 발을 떼지 못하고 그 자리에 서서 한참을 그러고 있었다. 비는 우리의 사정을 모르는지 점점 거세지고 집사람은 꼼짝 않고 내 뒤에 서서 내 결정만 기다리고 있었다. 서로 버티고 섰기를 얼마나 했을까, 우리 앞을 가로막고 있던 소떼의 우두머리로 보이는 황소 녀석이 슬그머니 옆으로 움직이는 것 같았다. 베테랑의 직감이 작동했다.

"아, 쟤네들 움직인다! 쟤네들 비켜주는 대로 우리는 이쪽 오른쪽으로 가면 돼."

그 녀석들은 드물게나마 이리로 사람들이 지나다닌 걸 알고 있어서 우리도 이리로 지나갈 걸로 생각하고 버티고 있다가 결국 귀찮은 듯 마지못해 비켜주었을 것이다. 굳이 기 싸움까지는 아니었어도 그래도 끈기 내기에서 우리가 이긴 셈이었다. 어서 가자!

내 판단이 맞았다. 소떼가 비켜주는 오른쪽으로 가서 무사히 담장 문에 이르렀다. 소떼들과 결코 짧다고 할 수 없는 동안의 대치 상태를 뛰어넘어 담을 타 넘어가도록 만들어 놓은 목재 단을 딛고 울타리를 넘어섰다. 잘 닦인 포장도로가 나왔다. 지도상의 길과도 잘 맞아떨어졌다. 언제 왔느냐는 듯 거세던 빗줄기도 싹 그쳤다. 우리는 룰루랄라 한껏 훨훨 나는 기분으로 목장 사이 내리막길을 걸어 내려갔다. 비탈 아래로 동네가 시작되고 있는 걸 눈으로도 직접 확인할 수 있었고 구글맵에도 그렇게 나와 있었다. 온종일 숲과 목장의 초지만 만나다가 동네를 만나니 반가웠다. 사람 사는 동네로 나왔다는 안도감, 더 이상 길을 잃고 소떼에게 둘러싸여 공포를 느낄 일은 없으리라는 안도감에 은근히 졸이던 가슴을 확 펴고 동네로 들어섰다.

창밖의 풍경

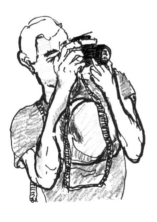

호텔 창밖

호텔 창밖으로 전철 회차장이 내려다보였다. 뒤셀도르프를
오가는 전철 중 두세 대에 하나는 이곳에서 회차하여 돌아 나
갔다. 잠시 정차했다가 한 바퀴 돌아서 나가거나 밤에 정차를
하고 아침에 나가는 것 같은데 방음창이 잘 되어 있어서 소음
은 없었다.

이른 아침, 창밖에는 전철에서 내린 사람들이 우르르 한 방
향으로 부지런히 가는 게 보였다. 모두 단정한 복장이었다. 독
일 사람들은 정치인 외에는 정장을 거의 하지 않는데 개중에
는 상하의 정장에 하얀 와이셔츠 차림의 남자도 상당수 있었
다. 뒤셀도르프 시내를 벗어나 외곽으로 뚝 떨어져 나온 위성
도시로 출근하는 걸 보면 저 안쪽에는 뭔가 특별난 대기업 같

은 게 있는 모양이다만, 그들과 마주하며 매일 상쾌한 아침을 맞이했다. 늦은 오후 회차용 전철 선로에 둘러싸인 광장에서 연령대별로 모여 놀이를 하거나 운동을 했다. 아랍계 가족들이 벤치에 앉아 하루를 마감하는 여유로운 모습도 보기 좋았다. 철로 옆으로 장이 열릴 때도 있었다. 야채와 과일을 주로 파는데 규모가 크지 않고 번잡하지 않았다. 그 모두가 호텔방 창으로 훤히 내다보였다. 여행자로서 현지 사람들의 일상을 이렇게 마주할 수 있는 건 행운이었다.

라인강변 본의 호텔에서는 창밖 나무 사이로 잔디 광장이 보였다. 넓은 숲을 눈앞에 두고 있으니 소음도 도심의 복잡함도 없었다. 이른 아침에는 숲 사이로 큰 개와 산책나온 사람들이 눈에 띄고 자전거를 탄 모습도 심심찮게 보였다. 캐리어를 끌고 인도를 따라 움직이는 젊은이들도 자주 눈에 띄었다. 차림으로 봐서 여행자들은 아닌데 여기가 대학도시다 보니 방을 구해 이동하는 학생들이거나 세미나 같은 데 참가했다가 돌아가는 길인지도 모르겠다. 본은 통독 전 서독의 수도였다. 통일이 되어 베를린으로 통일 수도가 옮겨간 지 근 30년, 한 세대의 세월이 흐른 지금은 옛날 서독 시절의 수도였다는 명성이야 아무 의미가 없지만 베토벤이 태어난 도시로서의 유명세는 영원할 것 같다. 그에 못지않게 대학도시로서 깊은 인상을 받았다. 강변을 따라 대로가 있지만 강변도로와 동네 사이로 충분한 녹지가 있고 대부분의 도시교통을 다른 곳으로 우회시켜 강변도로에 번잡함 같은 것이 없었다.

언덕 너머에는 넓은 잔디 광장이 있어서 날씨가 좋으면 주로 대학생이나 교직원 가족들로 보이는 사람들이 아이들과 함께 나와 일광욕을 하거나 여유 시간을 보내고 있었다. 한가운데서 축구 경기를 하고 있어도 거의 방해를 받지 않을 정도로

충분히 넓었다. 도심 가까운 곳의 이런 넓은 녹지 공간은 역사적으로 도시가 전개되는 과정에서 도시계획에 따라 생겨났거나 옛날 영주의 소유지였던 곳이 여가 및 녹지 기능을 이어받은 경우가 많다. 잔디 광장이 끝나면서 시내 쪽으로 또 한 번 넓은 숲을 이룬 녹지대가 있고 녹지대가 끝나는 곳으로 2차선 도로변에 4층짜리 건물들이 벽을 이루고 있는데 그 가운데쯤에 우리가 묵은 호텔이 있었다.

작은 규모의 저렴한 호텔이었다. 걸어서 10분이면 라인강변이나 중심가에 갈 수 있었다. 시내 중심에는 베토벤 생가 박물관이 있고 숙소 바로 가까이 녹지 끝자락에는 19세기 독일을 대표하는 조경가 레네(1789~1866)의 생가가 있었다. 레네는 프로이센의 궁정 조경가로서 프로이센 수도 베를린과 포츠담을 잇는 도시 간 녹지계획을 수립했던 그 계통의 선구자로서 이름난 조경가였다. 전혀 예상하지 못했다만 그가 태어나 성장한 곳은 본이었다. 그의 부친이 본의 궁정 조원가로 있던 때였던 것 같다. 궁정 조원가 사택이었던 하우스는 공사 중이었다. 개인적 희망으로는 거기를 레네 박물관으로 만들면 독일을 대표할 뿐 아니라 명실상부한 유럽의 대표 정원박물관이 되지 않을까 싶었다만, 공사가 끝나 어떤 용도의 시설이 될지는 모르겠다. 도심 중앙을 따라 길게 놓인 수로 양쪽으로 산책로가 나 있고 수로가 끝나는 끝자락에 본 대학교의 자연과학캠퍼스와 식물원이 있다. 도심을 벗어나 라인강변을 따라가면 시간이 허락하는 한 끝없이 나아갈 수 있다. 자전거를 타는 사람, 조깅하는 사람, 느긋하게 산책하는 사람들. 이 도시가 안고 있는 다양한 공간과 시설과 충분한 녹지 공간이 중요한 자산인 것 같다. 모두 호텔에서 우리 기준으로 도보 가능 거리에 있어서 일류 고급 호텔이 부럽지 않았다.

하이델베르크의 큰 그림

언제 어디든 모든 여행은 저마다의 이유와 목적이 있다. 숙소 근처에 공원이나 운 좋게 숙소에 테라스나 정원이 있어서 벤치에 앉아 재미있는 책을 읽으면서 한껏 편히 쉬거나, 어디든 좋은 자연이 있는 곳을 산책하며 마음을 비우는 걸로 보자면 여행은 기본적으로 휴식이다. 여행이 끝나고도 오래 뇌리에 남아 있는 여행지의 풍광들은 여행지에서 있었던 여러 즐거웠던 일들을 떠올리게 해주고 그래서 모든 여행은 재충전에너지가 되어준다. 돌아보면 우리의 여행은 옛날의 기억이 있는 곳을 다시 찾아가서 잊고 있던 예전의 열정을 일깨워주고, 지금 우리의 모자람을 받쳐주는 배후가 되어 주었다. 분명 여행에는 휴식과 재충전 이상의 무엇이 있다. 하이델베르크가 내게 딱 그런 곳이었다.

유학 시절 어학연수를 마치고 1년 만에 아내와 다시 만나게 되었을 때, 두 돌 된 큰아이를 유모차에 태우고 아내와 함께 하이델베르크에 잠시 왔었다. 내가 다녔던 학원과 기숙사를 둘러보고 성으로 내려와 산책하던 일이며 정원 테라스에서 아래로 펼쳐지는 아름다운 도시 전경도 바라보며 지난 일들을 이야기했던 적이 있었다만 그건 여행이라기보다는 일종의 환영 행사 같은 것이었다.

　남보다 조금 길게 군 복무를 한 데다 제대 후 설계사무실에도 좀 다니느라 늦게 석사를 마쳤다. 그리고 큰아이 돌 직전에 유학을 떠났으니 상당히 늦은 나이였다. 어학코스 1년 동안 하이델베르크에 있었다. 기숙학원이라 방을 따로 구할 필요가 없었고 공립이라 값이 싸면서도 교육의 질은 상당히 높았다. 기숙사에서 걸어서 5분 거리에 슐로스파크 공원이 있었다. 그때만 해도 나는 정원에 관해서는 아는 게 없던 때라 거기가 유럽 정원의 역사에서 얼마나 의미 있는 장소인지 잘 몰랐지만

그곳에는 원래 17세기 초의 성주 팔츠 선제후의 정원, 호르투스 팔라티누스Hortus Palatinus가 있었다. 정원 조성을 시작한 지 얼마 되지 않아 30년전쟁(1618~1648)이 일어나 이 정원은 결국 완성되지 못했다. 정원의 조감도와 현재 슐로스파크 곳곳에 남아 있는 옛 정원의 유지만으로 옛 정원의 온전한 모습을 떠올리기는 어려워도, 유럽 근대 정원의 역사에서는 알프스 이북의 초기 정원의 중요한 곳으로 꼽힌다.

학원과 기숙사는 성에서 걸어서 5분 거리의 고급 주택가의 숲에 둘러싸인 언덕 높은 곳이었다. 수업이 있는 평일에는 세 끼 식사를 제공해 줘 주말에만 알아서 해결하면 되었다. 그 때문에 일주일에 한두 번, 주로 주말에 시내로 내려갔다. 시내에 한 번 가려면 가파른 비탈길을 오르내려야 했지만 오가는 길에 시내를 굽어보는 경치가 좋아 그 정도 불편은 참을 만했다. 시내에서 돌아오는 길, 성으로 오르는 산길이 시작되는 어귀에 자그마한 호텔이 하나 있었다. 당시 나의 큰 바람은 소박하게도, 그 호텔에 묵으며 여행하는 것이었다. 참 의미 없는 바람처럼 보일 테지만 그게 이루어지기 위해서는 당장 어학코스를 마치고 어학 시험을 통과해야 했고, 대학에 등록하여 박사 과정에 들어가야 할 뿐 아니라 또 언젠가는 학위를 취득하고 어디든 원하는 곳에 자리를 잡아야 가능할 일이었다. 어떤 직장을 갖게 될지 모르지만 어느 정도는 자유롭게 여행할 시간을 만들 수 있는 직종이어야 가능한 일이어서 당시 나에겐 그 모두기 간절했던 바람이었다.

몇 해 전 독일 정원을 주제로 유명 정원을 둘러보던 때였다. 하이델베르크 성으로 올라가는 산길 어귀에 있는 바로 그 호텔을 숙소를 정했다. 이른 아침 성과 정원을 산책하듯 가보기에도 좋은 건 덤이었다. 하이델베르크에 숙소를 정하고 슐로스파크도 가보고 인근의 슈베칭겐까지 둘러보는 투어의 거점으로 삼기로 했다. 하이델베르크에서 슈베칭겐은 직선거리로는 얼마 되지 않아 자가운전을 해서 간다면 한 30분이면 되지만, 기차로는 하이델베르크의 북쪽으로 만하임까지 가서 한 차례 환승하면서 둘러가야 한다. 그렇다고 크게 교통이 불편한 건 아니고 정원이 아름다우니 누구든 가볼 만하다.

18세기 무렵 하이델베르크를 주도로 삼고 있던 팔츠 선제후는 북쪽의 만하임으로 주도를 옮겨 갔다. 하이델베르크의 성은 전후 폐허가 된 채 복구도 미루어 놓았던 데다가 성주가 떠난 후에는 허물어진 채 더욱 폐허가 되었고 도시도 함께 옛 명성을 잃어갔다. 도시가 쇠퇴하니 대학도 함께 문을 닫을 지경이었다가 19세기에 들어서 바덴 대공의 영지로 편입되면서 회생할 기회를 잡고 대학도 활기를 띠어 현재 우리가 알고 있는 대학과 대학도시로서의 명성을 되찾는다. 선제후가 만하임으로 주도를 옮기던 때는 유럽의 절대 군주들이 바로크풍의 도시와 궁원을 조성하여 주도를 옮겨가던 시대와 맞물려 있다. 1720년 선제후 칼 필리프는 만하임의 넓은 평지에 궁과 계획도시를 만들었다. 선제후 대를 이은 칼 테오도르는 프랑스 루이 14세가 파리 외곽에 베르사유를 건설한 것과 같은 방식으로 1742년 주도의 궁에서 조금 떨어진 평원에 대규모의 바로크 궁원과 여름 별궁 슈베칭겐을 조성하였다.

유학 시절 집에 잠시 다니러 갔다가 큰아이를 할머니께 떼놓고 왔던 때였다. 작은아이를 가져 만삭인 아내와 바람 쐬러 슈베칭겐에 왔었다. 가을이 깊어지면서 날도 을씨년스러워 정원을 즐길 여유도 없었다. 없는 살림에 무사히 학업을 마쳐야 했고 다만 한 해라도 일찍 마쳐야 한다는 생각에 잔뜩 긴장해 있던 때였기에 주위를 둘러볼 여유도 없었다. 큰아이를 놓고 온 아내의 마음을 헤아려줄 수도 없었다. 그때나 지금이나 아내는 속마음을 좀처럼 내보이지 않는다. 모든 걸 속으로 삭이거나 참는 걸 최선으로 여긴다. 완벽하게 그러면 좋으련만 여린 마음에 그런 속내가 그대로 표정과 행동에 묻어 나와 나를 안타깝게 만든다. 슈베칭겐에 어둠이 내리던 그때도 그랬다. 거의 해가 질 무렵이어서 집으로 돌아가야 하는데 아내는 도

무지 발길을 옮길 생각을 하지 않았다.

마침 정원에 놀러 왔던 젊은 교민 한 분을 만났다. 왠지 우리가 쓸쓸해 보였던지 여기서 가까운 곳에 살고 있으니 괜찮으면 자기 집으로 가서 하루 묵고 내일 밝은 날 편하게 집으로 가면 어떻겠냐고 그랬다. 어지간해서 남의 신세를 지기 싫어하고 조금이라도 폐가 될 일은 하지 않는 성격이다. 게다가 누군지도 모를 사람을 따라나설 일이 아님에도 불구하고 아내는 선뜻 그 청에 응하고 싶어 했다. 여러 모로 아내는 평상심이 아니었다. 그날 그 댁에 가서 하루를 묵었다. 저녁도 따뜻하게 먹고 아침에도 간단하지만 정갈하게 준비한 빵과 커피로 식사를 하고 집으로 돌아왔다. 슈베칭겐의 정원은 그런 아픈 기억을 떠올리게 한다.

하이델베르크의 호텔은 생각보다 비싸지 않고 마침 건물 저층부에는 보수 공사를 하고 있어서 좀 어수선했으나 호텔은 건물 꼭대기의 두 층에 걸쳐 있어서 거슬리는 일은 없었다. 창밖으로 옥상 테라스의 작은 화단이 보여 상쾌했고 복도 문을 열고 테라스에 나가 어떤 방해도 받지 않고 성의 남동쪽 모서리의 무너진 첨탑과 성의 폐허를 올려다볼 수 있었다. 붉은 성벽에 부딪히는 붉은 경관 조명은 예전 기숙사 시절 밤마다 산책을 나왔다가 만났던 익숙했던 광경이었다. 거리의 소음도 옥상에까지 닿지 않아 숙소 환경으로는 최고였다. 예전에 고대했던 바로 그 호텔이었다.

낭만적 윈더미어

잉글랜드 북서부 끝의 호수 지방, 레이크디스트릭트Lake District의 초원은 푸 코너의 목장 트레일과는 비교가 되지 않았다. 어디를 가든 일단 시내 주거지를 벗어난다 싶으면 이내 목장이 나타났다. 울타리 문을 열고 들어가서는 다시 문을 잠그는 단 하나의 약속만 지키면 어디로든 자유롭게 목장으로 들어서서 이웃 목장으로 갈 수 있어 마음만 먹으면 며칠을 가도 끝이 나지 않도록 이어진다. 문을 여닫으며 자유롭게 목장 길을 헤치고 다녔다. 호수 지방에 머무는 동안 우리가 여닫은 목장 문은 수십을 넘어 거의 백 개는 되었을 것 같다. 기억해보면 그 모든 문의 잠금장치가 하나도 같은 방식이거나 같은 모양인 게 없었다. 진작 그걸 알아차렸다면 하나씩 사진으로 담아 놓을 걸, 호수 지방 여행이 거의 끝나갈 즈음에야 그걸 깨달았다.

호수 지방 여행을 한 건 정년퇴직을 하던 해였다. 아내는 종강하는 날을 기다렸다는 듯이 집수리 결단을 내렸다. 실은 몇 년 전부터 미루어 오다가 그때 단행한 것뿐이었지만 결과적으로는 정년퇴직을 기다렸다는 듯이 그렇게 된 셈이었다. 창호와 벽지를 새로 하고 화장실 타일을 깨끗이 바꾸는 인테리어 공사였다. 바닥을 파내고 대공사를 한다면 한 달 정도 걸리지만 바닥 난방 시설은 건드리지 않기로 해서 보름 정도, 비교적 짧은 기간이면 되었다. 그렇다 해도 집과 짐을 모두 비우고 어디든 이사를 나갔다 와야 하는 건 매한가지였다. 수리를 마치고 7월 초에 집으로 들어가 보름 정도 있다가 유럽으로 여행을 떠났다.

호수 지방은 윈더미어 호수를 비롯한 여러 호수로 이루어져 있다. 호수 지방의 경관이 지금까지 잘 보전된 데는 『피터 래빗』(1902)의 작가 베아트릭스 포터Beatrix Potter(1866-1943)의 향토 보전을 위한 노력에 내셔널트러스트의 역할이 더해진 덕이었지만, 그 훨씬 전 호수 지방 경관 보전 운동의 원조는 낭만주의 시인 윌리엄 워즈워스William Wordsworth(1770~1850)였다.

워즈워스는 영화 〈초원의 빛〉(1961)에서 나온 그의 시 「초원의 빛」의 "초원의 빛이여, 꽃의 영광이여……" 한 구절로 국내 팬들에게 널리 알려지게 되었다. 내게도 젊은 남녀의 애틋함과 불안정, 그리고 한참 시간이 흐른 뒤 옛날의 아름다웠던 시절을 돌아본 회한이 한데 버무려져 딱 영화 스토리대로 각인되어 있었다. 호수 지방을 여행하고 온 사람들의 이야기로 호수 지방에서는 기본적으로 황량한 초원을 만날 수 있다는데, 몰아치는 비바람, 짙게 깔린 먹구름, 그 사이로 잠시 잠잠

해지는 틈에 간간이 내리쬐는 한 다발 햇살, 빠르게 날려가는 구름의 속도로 흘러가 버린 한 뙈기 풀밭에 떨어지는 햇살이 온몸을 감싸오는 어떤 느낌이 있다고 했다. 그런 느낌이 어떤 것인지 감이 오지 않았으나 호수 지방으로 여행을 떠나면서 영화 스토리로서가 아니라 어떻게든 워즈워스가 노래한 시로서 「초원의 빛」을 마주해야 했다. 워즈워스라면 국어 시간에 시 한 수 정도는 접했고 영국의 계관 시인으로서 명성까지 워즈워스를 모르는 건 아니지만, 막상 호수 지역 여행을 계획하면서 워즈워스를 좀 들여다보려니 입시 공부하며 외웠던 단답형 수준으로는 감당이 되지 않았다. 그래도 시인에 대해 전혀 모르는 게 아니었던 것은 낭만주의 시대의 경관과 관련이 있기 때문이었다. 조경학개론 강의 교재에 나온 걸로 낭만주의와 시인 워즈워스는 밀접했다.

낭만주의 시대에는 사람들이 원시의 자연을 찾아 여행을 나서는 경향이 있었다. 이전까지 유럽 사람들은 원시의 자연을 경원시했다. 거칠고 춥고 비바람 많은 지방일수록 더욱 그랬다. 낭만주의 사조와 함께 화가들은 그림으로 원시 자연을 표현했고 시인들은 자연을 노래하였으며 사상가들은 자연에 깃든 인문주의적 사상을 주창했다. 사람들은 주변의 원시 자연에 관심을 주고 거친 외면의 뒤 깊숙이 숨겨져 있는 자연의 아름다움과 감동을 알아가기 시작했다. 그들 중에서 대표적으로 꼽힌 인물이 워즈워스였다.

호수 지방 여행 준비의 많은 시간을 워즈워스의 시집을 찾아 서점을 돌아다니는 데 쏟았지만, 워즈워스에 관한 책은 보이지 않았다. 인터넷에서 좀 오래된 번역시집을 하나 찾아냈고 평전도 하나 샀다. 역자 후기에는 젊은 시절 주옥같은 많은 시를 발표했던 시인이었지만 훗날 이름이 알려지고 명성을 얻게 되면서부터는 거의 시를 발표하지 않았을 뿐 아니라, 그나마 발표했던 시도 호수 지방의 아름다움을 노래했던 젊은 시절의 그것에는 전혀 따르지 못할 정도여서 시인으로서 그의 생명은 끝난 것이었다는 독한 평이 실려 있었다. 그게 무슨 사연인가 싶다만 시인으로서는 어째 외도로 보일 만한 일이 있긴 했다. 워즈워스는 40대에 들어 호수 지역 탐방 가이드북을 출판했었다. 그게 많은 경관학자가 워즈워스에 관심을 가지게 된 이유였다. 일찍이 일본의 경관학자 나카무라 요시오도 워즈워스의 경관에 관한 시각을 눈여겨본 적이 있었다.

"자연시인 워즈워스의 고향을 한 번 보고 싶었던 오래전의 바람이 생각보다 빨리 이루어졌다. 1981년 여름이 거의 끝나가는 무렵 어느 토요일 오후, …… 저녁 무렵에 호수 지방의 들목 마을인 윈더미어에 도착했다. 워즈워스는 이 윈더미어 지선 철로 부설을 반대하고 있었다. 아주 집요하게 …… 철도를 정당화시키는 유일한 최대의 물산은 이곳만이 가진 우수한 풍경인 것이다. 그렇지만 품위 있는 마음을 가졌다면 여기서 엎어지면 코가 닿을 듯한 켄달에서 마차로 오시오, 라고 한 것이 워즈워스의 시각이었다." (나카무라 요시오, 『풍경학 입문』. 서(緖). 풍경을 생각한다.)

나카무라 요시오는 호수 지방 윈더미어를 찾아간 여정을 자신의 저서 『풍경학 입문』(2008)의 서두로 삼았다. "이 고전적인 산수를 보고자 한 것은 근대 풍경 사상의 원류를 탐색하고 싶었기 때문"(나카무라 요시오, 풍경의 사상I. 자연경)이라며 자신의 경관론의 출발을 워즈워스의 경관에 대한 생각에서 비롯된 것임을 표명했다.

윌리엄 워즈워스는 호수 지방의 코커머스에서 태어나 평생 호수 지방을 떠나지 않았다. 당시 영국은 제1차 산업혁명 (1760-1820) 시대였다. 제조업과 양모 산업 시대가 열리고 증기기관차(1825)의 교통혁명이 시작되었다. 거기에 낭만주의 작품과 여행기에 힘입어 원거리 여행이 빈번해졌다. 워즈워스의 『호수 지방 여행안내서』(1810)마저 한몫하며 호수 지방은 관광여행지로 부각되었다. 호수 지방의 철도건설(1844)이 논의되자 워즈워스는 신문에 기고하고, 반대 생각을 표명하며 일선에 섰다. 그런 노력이 결실을 보아 지금도 철로는 호수 지방 들목의 윈더미어에서 끝난다. 그리고 여행자들은 워즈워스의 바람처럼 윈더미어역에서 버스와 트레킹으로 호수 지방의 여러 호수와 주변 원시 산악 경관을 찾아 들어간다.

다락방

윈더미어는 윈더미어 호반의 중심 도시다. 윈더미어역은 맨체스터 등지에서 오는 기차의 종착역이어서 기차로 여행하는 모든 여행자가 호수 지방과 처음 마주하게 되는 관문이다. 우리도 윈더미어역에서 내렸다. 숙소까지는 버스를 타고 큰길에서 내려 잠시 주택가 안쪽으로 걸어 들어가야 했다. 걸어서 갈 만한 거리였지만 짐도 있고 해서 버스를 탔다. 윈더미어라는 곳에 대한 기대로 잠시 설레었지만, 차창 밖으로 비치는 시내의 풍경은 번잡하고 사람들로 북적인다는 느낌이었다. 이런 곳에서 워즈워스가 사랑했던 "원시적" 경관을 찾는다는 건 무의미한 게 아닐까, 기대하던 것과는 아주 달랐다.

버스에서 내려 꾸준히 오르막이 되어 있는 길을 따라 전형적인 주택가를 한참 들어갔다. 주택을 게스트하우스로 전용했는데, 현관을 들어오면 왼쪽으로 거실을 개조한 자그마한 투숙객 공용 공간이 있었다. 따뜻한 햇볕을 받을 수 있고 세 면이 창으로 되어 있어서 비가 와도 바깥의 밝은 기운을 받을 수 있도록 해 놓았다. 현관 오른쪽에는 세 개의 식탁을 놓은 작은 식당이 있고 똑바로 난 문 너머 안쪽은 굳게 닫혀 있는데 주인 내외의 주거 공간과 주방 같은 게 있을 법했다. 좁고 가파른 계단을 타고 오르면 2층에 두 개의 방이 서로 이웃하여 있고 다시 한 층을 더 오르면 또 두 개의 방이 있는데, 그중 하나가 우리가 묵게 될 다락방이었다.

어릴 때 우리 집에는 다락방이 있었다. 안방 벽장 옆의 작은 계단을 타고 올라가면, 온갖 물건들이 쌓여 있어서 온 세상의 희귀한 것들을 만날 수 있는 환상적인 곳이었다. 다락방을 다시 만난 건 유학 시절 카를스루에에서 살던 때였다. 어학 시험을 마치고 대학에 등록하면서 1년 만에 아내와 큰아이, 식구들을 불러왔다. 아직 작은 녀석은 나지 않은 때였다. 세 든 집은 5층 건물의 꼭대기, 다락 층이었다. 모든 방의 창문 쪽 외벽은 지붕면을 따라 비스듬히 기울어져 있었다. 집세를 생각하면 당연히 그런 데를 구할 수밖에 없었지만, 그조차 감당하기에 벅차서 난방비라도 아껴야 했다. 난방을 거의 꺼놓고 지내다 보니 집은 춥고 썰렁했다. 아직 내게 맞는 연구실을 찾지 못해 붕 떠 있던 때였다.

아내와 두 돌 된 큰아이는 종일 비 오고 우중충한 날씨에다 썰렁한 집안 냉기 때문에 긴장하고 움츠리고 있었다. 주말만 되면 아이는 고열이 나고 기침도 했다. 주말에는 동네 의원이 진료를 하지 않고 필요하면 전화로 별도 진료 시간을 예약하게 되어 있었다. 전화를 하면 응답기가 나와 전화번호를 남겨두면 나중에 연락이 와서 진료 시간을 잡는 방식이었다. 우리는 집에 전화를 놓고 지낼 만큼 여유가 없어 공중전화에서 전화를 했다. 전화기 저쪽에서는 회신할 번호를 남겨놓으라는 녹음된 말만 나오는데 남겨놓을 번호를 대지 못하고 이걸 어쩌나 그러다가 되돌아오곤 했다.

지금 생각하면 더 슬기롭게 해결했어야 했다. 아이가 열이 나고 기침도 한다는 이야기를 남기고 지금 공중전화이니 잠시 후 다시 전화를 하겠다며 응답기에 메모를 남기거나, 아니면 아래층 집에 가서 사정 이야기를 하고 전화를 좀 빌리거나 했어도 되겠지만 그때 나는 그럴 만큼 당당하지 못하고 많이 움츠러들어 있었다. 희한하게도 아이는 주말이 지나면 다시 기운을 차려 잘 놀았다. 그냥저냥 조심조심 하루하루를 지냈다. 독일 남부 카를스루에의 다락방에 살던 그 시절은 "그때 고생 좀 했지. 그래서 지금의 내가 있게 된 거고……" 그런 식으로 고생했던 때를 다시 떠올리며 지난 옛이야기를 멋지게 포장해 담을 수 있는 시간도 아니었다. 다락방은 더는 낭만과 꿈을 키울 수 있는 상상의 장소가 아니라 현실이었다.

다시 다락방을 만난 건 유학 생활의 마지막 일 년을 보낸 지도 교수님 댁 별채 같은 원룸에서 살던 때였다. 거실과 침실이 하나로 열려 있는 중층 구조였는데 침실에서 샛문을 열고

몇 단의 계단을 오르면 작은 다락방이 나왔다. 다락방은 온전히 나 혼자 공부에 몰두할 수 있던 내 공부방이었다. 다락방에는 건축가였던 교수님 선친께서 젊은 시절 여행을 다닌 기록을 일일이 손으로 쓴 노트가 수십 권 꽂혀 있는 서가가 있었고 기울어진 천장에는 천창이 하나 뚫려 있었다.

아침을 먹으면 곧바로 보온병에 커피를 타서 다락으로 올라갔다. 한번 처박히면 시간 가는 줄 모르고 책을 읽고 원고를 쓰고 논문 연구에 몰두하다가 잠시 내려와서 눈을 좀 쉬거나 아니면 줄곧 거기 박혀 있다가 저녁 식사쯤에나 내려왔다. 저녁 식사 후에는 아내와 함께 유모차를 밀고 시내로 나가 한밤 산책을 하거나 가까운 곳 옛날 영주의 성이 있었던 공원에 가서 한 바퀴 돌고 오는 게 일상이었다. 한번은 정신없이 공부하다가 속세로 내려왔더니 마침 딸아이가 미아가 되었다가 다시 찾아온 사건이 벌어져 있었다. 사모님과 아내는 온 동네를 헤집고 다니면서 딸아이 찾느라고 야단법석이었다가 천만다행으로 무사히 찾아온 직후였는데, 나는 그것도 모르고 있었다. 그 시절의 다락방은 낭만이니 고생이니 하는 속된 감정을 뛰어넘은 초현실의 장소여서 내게 어땠다는 식의 이야기는 적용되지 않는 공간이었다.

그리고 30년 만에 윈더미어 게스트하우스에서 다시 다락방을 만났다. 바깥벽 쪽으로는 천장이 지붕면을 따라 심하게 기울어져 있었고 벽 쪽으로 높이가 1미터도 채 되지 않아서 도무지 방 안 공간이라 할 수 없는 죽은 공간이었지만 그 아래로 발이 향하도록 침대가 놓여 있었다. 굉장히 좁은 방이었지만 협소하다는 느낌은 들지 않았다. 얼핏 봐서도 오래된 집 같지만, 난방과 수도는 원활히 작동하여서 불편함은 없었다. 벽으로는 창을 낼 수 없어서 기울어진 천장 면에 천창을 내놓았다. 지붕면이라 해야 할지 벽이라 해야 할지 설명하기 애매했지만, 천창이 있는 곳쯤에 이르면 상당히 높은 천장이 되어 있어서 답답하지 않았다. 그리로 바깥의 밝은 기운이 방 안을 비추어 주었다. 천창에 손이 가 닿지 않아 의자를 옮겨놓고 그 위에 올라가거나 침대 위에 올라가면 천창을 열 수도 있고 열린 창밖으로 고개를 쏙 내밀어 온 동네를 내다볼 수도 있었다. 혼자 봐도 될 걸 아내를 불러냈다.

침대에 누우면 하늘 높이 휘영청 밝은 달빛을 맞을 수도 있을 것 같은데 불행히도 우리가 묵는 동안은 밤 내내 비가 왔다. 자다가 눈을 뜨면 천창을 두드리는 우두둑 빗소리가 들렸고 날이 밝아올 때면 천창만 봐도 바깥 날씨가 어떤지 금방 알수 있었다. 몇 년간 살아야 할 셋방이었다면 또 서글펐던 시절의 나쁜 기억이 되살아났겠지만, 단지 몇 박 동안 여행 중에 만난 윈더미어의 다락방은 다시 낭만적인 다락방의 기억을 떠올리게 해주었다.

소떼

그래스미어는 잉글랜드 호수 지방 그래스미어 호반의 도시다. 시내로 들어가는 길목에 게스트하우스나 호텔 같은 것들이 적지 않지만 모두 드러나지 않게 은근히 숨어 있어서 전혀 관광도시 같지 않았다. 도시라기보다는 아주 작은 읍내 수준이었다. 우리의 숙소는 그런 중에서도 시내 중심지와는 한참 떨어진 외곽, 작은 공동묘지와 교회가 있고 농가 같은 집이 몇 채 옹기종기 모여 있는 자연 부락의 가장자리에 있었다. 시내까지는 걸어서 십 분 정도, 너무 가깝지도 않고 아주 멀리 떨어지지 않아 적당했다. 도로를 오가는 차량이 많지 않았지만 그래도 길가 쪽이 아닌 길 반대쪽에 면한 방이어서 시끄럽지 않고 조용했다. 방은 상당히 컸고 욕실도 널찍했다. 청소가 잘되어 있는 데다가 깨끗하게 세탁해서 잘 다려놓은 하얀 침대보가 비를 맞고 들어온 우리의 젖은 마음을 정화해 주었다. 윈더미어에서 여기까지 오는 데 오래 걸리진 않았어도 몸을 깨끗이 씻고 나니 노곤하게 잠이 살짝 왔다.

단잠을 자고 나니 개운했다. 비는 여전했다. 창으로 이웃한 옆집의 뒷마당 같은 뜰이 내려다보이는데 뒷집 마당이 바짝 붙어 있었다. 뜰에는 빨랫줄이 서넛 길게 내걸려 있고 허드레

물건을 넣어두는 창고와 정원이나 농사용 기구를 넣어둔 것 같은 고방이 옹기종기 모여 있었다. 빨간색 비옷을 걸친 건장한 노인네가 마당에 나와 이것저것 정리하다가 들어갔다가 이내 다시 나왔다. 호텔 창밖으로 영국 사람들의 일상을 바라볼 수 있다는 게 남다른 느낌이었다. 서로 눈이 마주치면 민망할 것 같아 창에서 약간 떨어져서 한참을 내려다보았다.

뒷집 지붕 너머로 먼 산이 연봉의 능선을 이루고 있었다. 워낙 멀리 있어서 그렇지 한눈에 봐도 예사 높이가 아닌 것 같았다. 부속 창고와 뒷집 사이로 가까운 언덕 줄기가 들판으로 내려앉은 게 훤히 보였다. 들판에는 대충 규칙성이 보이듯 아닌 듯 일정한 크기를 넘지 않도록 자연스러운 선을 이루며 돌담으로 둘린 넓은 초지가 펼쳐져 있었다. 그렇게 구획된 초지가 가까운 산기슭과 맞닿은 곳까지 계속 이어져 있으면서 영국 농촌 특유의 경관을 만들어내고 있었다. 워낙 멀리 나가 있어서 또렷하지 않지만 몇 군데 돌담 안에는 소떼가 띄엄띄엄 보이고 중간쯤 거리에 있는 한 돌담 안에는 꽤 많은 한 무리의 소들이 흩어져 풀을 뜯고 있었다. 비는 끊임없이 오고 있었다.

"쟤들, 물에 밥 말아 먹는다. ㅋㅋ."

비 맞으며 젖은 품을 뜯고 있는 젖소 무리가 눈에 밟혔다. 비를 맞고 있는 소떼를 보면서 나는 중학교 시절로 돌아가고 있었다. 큰 외사촌 형님은 대학 재학 중 「비 젖은 홀스타인」으로 대구의 일간신문 신춘문예에 당선되었다. 나는 시적이지 못해 직시적이었던 건지 혹은 시를 잘 알기에는 아직 너무 어렸던 건지, 형님은 왜 하필이면 비 맞은 소를 노래했을까 그랬다. 50년도 훌쩍 더 지나 눈앞에 그렇게 비 맞고 선 젖소 무리가 있고 지금 난 호텔 방 창가에서 그들을 내다보고 있다.

"그런데 쟤네 그냥 저리 둬도 괜찮나?"

"왜?"

"비 맞잖아. 추워서 감기 걸리면 어떻게 해?"

"그런가?"

"당연히 그렇겠지. 말이 여름이지 방에 있어도 춥잖아. 저렇게 비 맞고 있는데 어디 축사 같은 데로 옮겨줘야 하는 거 아닌가?"

"좀 있으면 주인이 와서 어떻게 해 주겠지."

이미 오래 비를 맞은 거 같은데 주인이 아직 비 오는 걸 모르고 있거나 얘들을 축사로 옮겨 줘야 할 걸 까먹은 것 같아 걱정이었다. 아내에게는 비 젖은 젖소들을 불쌍히 여겨 그러고 있는 내가 평소 같지 않게 보였을 거다. 평소 같지 않은 게 아니라 평소에 그런 불쌍히 여길 일을 만날 일이 없어서였지만.

묵묵히 풀을 뜯던 중 한 마리가 돌담 한쪽 구석 모서리를 향해 걸음을 옮기는가 싶더니 이내 다른 소들도 풀 뜯던 일을 멈추고 그리로 몰려갔다. 앞에서 '음무'라며 수자폰 같은 소리로 울어대면 뒤따라 다른 녀석들도 이내 음무 음무 그런다. 급기야는 풀을 뜯던 녀석들이 모두 구석을 향해 모여들어 그쪽으로 고개를 빼고 울어 재꼈다. 풀밭에 흩어져 있었을 때도 상당히 많다 싶긴 했지만, 구석 모서리를 향해 피라미드식으로 밀집 대형을 이루고 보니 그 수가 상당했다. 그런 녀석들이 일제히 울어댄다. 이젠 물에 말아 먹고 찬밥 먹고의 문제가 아니라 도저히 더 참지 못하겠으니 빨리 어디로든 비 맞지 않는 곳으로 데려다 달라며 시위하는 것처럼 보였다. 여전히 주인은 코빼기도 보이지 않고, 더욱 신경 쓰이는 건 눈 가는데 어디에도 축사나 비바람을 피할 만한 구석이 없으니 주인이 온들 뭘 어쩐다는 건지 그것까지 신경 쓰였다. 그래 봐야 재네들한테 아무 도움도 되어 주지 못한다는 듯 안으로 들어가 버린 아내를 불러냈다. 재네 큰일 났다고. 풀도 안 뜯고 울고 난리가 났다며 얼른 와서 보라고.

나로서도 어쩔 수가 없다 싶어 지켜보던 걸 거의 포기하려
는 때 꼼짝 않고 부동자세로 울어 재끼던 녀석들 사이에 미세
한 움직임이 포착되었다. 멀리서 누군가가 돌담 구석 모서리
로 향해 걸어오고 있었다. 이제 됐다. 저 녀석들 이제 살았다!
여기서는 잘 보이지 않는데 그쪽 구석에 문이 있었나 보다. 문
이 열리자 부지런히 질서정연하게 한 마리씩 울타리를 벗어났
다. 그런데 웬걸 축사든 어디든 이곳 풀밭을 벗어나 비를 피하

려던 게 아니었다. 돌담 모서리를 벗어난 녀석들은 일제히 새 풀밭으로 들어가 뿔뿔이 흩어져서 열심히 새로 풀을 뜯기 시작했다. 그러고 보니 좀 전의 풀밭은 여기서 봐도 희끗희끗한 게 색이 깨끗하지 않고 그 옆의 다른 구획 안의 풀밭은 유난히 파릇했다. 녀석들은 비를 맞아 춥다고 울어댄 게 아니라 풀밭의 식자재가 다 떨어졌으니 새 밥상을 차려달라며 그리 시위했던 모양이다. 바로 옆의 깨끗한 풀밭으로 장소만 옮겨왔다. 난 그것도 모르고 괜히…….

전에도 소떼를 마주한 적이 있었다. 하이디 알름 산장을 올라가려던 날 아침, 아내와 딸이 하이디 기념품점에 들어간 동안 나는 거리를 둘러보며 사진 찍을 거리를 찾고 있었다. 조금 먼 거리에서 댕그랑 집단으로 급하게 울리는 방울 소리가 났다. 소리가 나는 곳으로 가보니 백 마리도 넘어 보이는 소떼가 시내 중앙로 한가운데를 달리고 있었다. 지나가던 차들은 모두 일시 정지하여 소떼가 지나가는 통로를 만들어주고 혹 이탈하는 소가 있지 않나 통제하느라 목동 청년들 여럿이 소떼가 달리는 속도에 맞춰 함께 달리는 멋진 광경이었다.

낭만주의와 사실주의 문학의 작은 차이는 뭘까? 문학의 문(文) 자도 모르면서 뭐가 그리 궁금한 건 많았는지, 종종 아내에게서 살짝살짝 한소리를 듣긴 했지만 지금 여기서 얻은 깨달음으로는 낭만주의와 사실주의 간의 미세한 차이는 자연을 바라보는 시각에 있는 것 같다. 현실 밖에서 바라보는가 현실 속에서 함께하는가. 낭만주의와 사실주의는 모두 지역 향토를 바탕으로 하지만, 상상과 환상으로 버무려진 꿈같은 아름다움으로 그려가는가 현실 그대로의 생생한 자연의 거칠고 혹독한 환경으로서 그려가는가에서 차이가 난다. 그간 하이디를 소재로 한 여러 영화나 드라마가 있었지만 일본 애니메이션의 밝은 이미지와는 거리가 있었다. 슈피리의 원작 역시 일본인들이 바라본 것처럼 알름 산장의 밝고 낭만적인 정경을 묘사하지 못했던 것도 그런 미묘한 시각차에서 발견할 수 있을 것 같다. 알프스와 스위스의 실제 삶과 직결된 시각이었기 때문에 유럽 사람들은 일본인들처럼 온전히 제삼자의 시각에서 밝은 알프스 초원을 상상할 수 있을 만큼 현실에서 벗어날 수 없었을 것이다.

하이디 마을 아래 마이엔펠트에서 만난 소떼들은 아스팔트 차도 위를 내달리고 있었다. 지나가던 차들도 일제히 걸음을 멈추고 기꺼이 길을 내주었다. 소떼에게 길을 내주고 차에서 구경하던 운전자들에게는 충분히 목가적이고 낭만적인 경험이 되었겠지만 소떼를 몰고 알름을 오르내리거나 마을로 내려와서 다시 어디론가 이동하는 목동들에게 그것은 현실이었다.

윈더미어에서도 초원길을 따라 걷다가 어느 한 농장에서 다른 곳 어디론가 소떼들을 이동시키는 현장 한가운데 들어서게 되었다. 우리는 부지런히 약간 오르막인 작은 계류 옆길을 따라가고 있었는데, 저 멀리 농장 담을 지나 뒤따라오던 소떼들에 추월당하면서 그 녀석들 무리 속에 뒤섞이게 될 지경이 되어버렸다. 눈에 띄지 않게 조심조심 대열을 벗어나 비탈진 위로 올라갔다. 수십 마리의 소떼들은 자기들의 의지와는 관계없이 다른 곳으로 내몰려가는 게 불편했는지, 끄~윽! 끄~윽! 긴장된 상태에서 나오는 고음으로 울어재꼈다. 여기서 한 녀석 저기서 한 녀석, 그게 한데 어우러지고 보니 커다란 북 여러 대를 시간을 두고 둥둥 치는 것 같은 드럼 소리가 되어 커다란 법고가 울리는 것처럼 꿩꿩 우리 몸을 휘감았다. 소 무리를 빙 둘러 진행 방향만 열어두고 건장한 목동 십여 명이 널찍하게 간격을 맞추어 지나가고 있었다. 절대 강요하지 않고 다만 대열을 이탈하는 녀석만 통제하며 한 방향으로 가는 것 같았다. 순조롭게 다 지나가나 싶던 때, 자그맣고 아주 귀엽게 생긴 송아지 한 녀석이 우리를 돌아보고는 뜀박질을 하듯 다가왔다.

"어, 어, 안 돼. 난 네가 무서워!"

아내가 낌새를 차리고 슬금슬금 내 뒤로 돌아드는데, 아, 이 사람! 닌들 어떡하라고 나도 긴장되긴 마찬가진데. 그 녀석은 우리를 보고 건장한 목동들과는 다르게 작고 아담해 보여 꼭 자기 친구쯤 되는 걸로 여긴 걸까. 그래서 반갑게 다가오는 거지만 그래도 너는 우리보다 훨씬 덩치가 커.

예전 마이엔펠트 도로를 내달리던 소떼를 근육질의 전사라 한다면, 농장에서 나와 이동하던 윈더미어의 소떼는 아프리카 초원을 이동하는 물소 떼와 같았다. 그런데 지금 그래스미어의 풀 뜯는 젖소들은 느긋하게 식사 중이다. 비 오는 초원에서 시위하는 저 소떼를 호텔 방 창밖으로 생생하게 바라볼 수 있다는 건 분명 작은 행운이었다.

화가의 아틀리에

고흐, "사랑하는 테오에게"

오베르에 간 날 고흐 박물관은 휴관이었다. 고흐와의 만남이 거기서부터 삐걱거린다는 걸 깨닫지 못한 채 발길 닿는 대로 동네를 둘러보았다. 고흐의 그림으로 눈에 익은 오베르 교회를 지나 약간 경사진 길을 따라가니 넓은 밀밭에 닿았다. 그의 마지막 그림이라는 까마귀 떼가 날아오르는 밀밭인 것 같았다만 그냥 그런가 했을 뿐 별다른 느낌은 없었다. 밀밭 가운데로 난 길을 따라 한참을 더 걸어간 곳의 공동묘지, 동생 테오와 나란히 누워 있는 고흐의 묘비 앞에서도 흔들림 같은 건 없었다.

오베르를 다녀온 뒤, 서점에서 우연히 집어 든 책은 고흐의 편지를 모은 『반 고흐, 영혼의 편지』였다. 대부분 테오에게 보낸 고흐의 편지였다. 형에게 답장으로 썼거나 혹은 형의 근황을 묻는 애틋한 마음이 담긴 테오의 편지가 함께 있었으면 더욱 좋았겠지만, 고흐가 그걸 챙겨 보관하고 있었을 걸 기대할 수는 없겠지. 고흐의 편지에는 그간의 수많은 책에서는 만날 수 없었던 고흐 자신에 관한 이야기가 담겨 있었다. 상당한 독서량이 아니고는 나올 수 없을 내면 깊은 데서 나오는 커다란 울림도 있었다. 정말 이런 편지를 쓴 사람이 우리가 알고 있는 자신의 귀를 자른 비정상적인 사람, 정신병원에 들락거렸고 평생 그림밖에 모르던 사람, 그 고흐인가 싶었다. 누구도 대변해 주지 않은 고흐의 진심을 들여다볼 유일한 기회라 여기고 고흐의 편지를 밑줄 쳐 가며 읽고 또 읽었다. 그리고 이번에는 아를이었다.

아를에 내려가 1년 남짓 지냈던 고흐의 흔적을 쫓아가 보기로 했다. 특히 고흐의 그림 「아를 병원의 정원」과 「아를의 도개교」 현장을 찾아가 보았으면 했다. 아를 병원은 시내 중심에 있으니 찾아가는 데 별 문제는 없을 것 같지만, 도개교는 시내에서 서쪽 외곽으로 많이 나간 들판 한가운데에 마땅히 대중교통도 없었다. 우리처럼 차 없이 다니는 여행자로서는 대중교통이 없으면 몇 시간이 걸리는 곳이라 하더라도 무조건 걸어야 했다. 걷는 시간을 줄이느라 조금이라도 가까운 아를의 서쪽 끝 외곽에 숙소를 잡았다.

해가 달아오르기 전에 가야 땡볕에 고생을 덜 것 같아 아침 일찍 호텔을 나섰으나 길을 잘못 짚어 한참 헤매다가 포기하고 숙소로 돌아왔다. 최근에 부근 환경이 많이 바뀐 데다가 구글 지도에는 아직 업데이트되지 않고 있었던 탓이었다. 많이 지쳤지만, 심기일전 다른 길을 찾아 나섰다. 이번에는 폐철로를 따라 이어진 트레일이 나왔다. 옹색하게나마 도개교 방향을 알리는 안내 표지판도 있어서 쉽게 방향을 잡을 수 있었다. 철로를 벗어나 운하를 따라 이어지는 길로 들어서니 나무 그늘도 없이 거의 뙤약볕 들판이 나왔다. 예전에는 경작지였을 것 같다. 간간이 가로수가 그림자를 떨구고 있긴 했지만 그걸 그늘이라 할 수는 없고, 뜨겁고 건조한 바람으로 땅에서는 푸석푸석 먼지가 일었다. 한 시간도 더 걸어 멀리 도개교가 보이는 곳에 이르렀다.

고흐는 1888년 2월 말 아를에 내려와 곧바로 여러 점의 도개교 그림을 그렸다. 노란 집으로 불리는 집으로 옮겨간 5월까지, 3월과 4월 두 달 시내의 카렐 여인숙에 있던 동안이었다. 도개교로 가는 길은 지중해의 건조하고 따가운 여름 햇살에 노출되어 한가롭게 걸어 다닐 곳이 아니었다. 우리는 그나마 도개교에 가까운 외곽 호텔에서 시작했지만 정반대 편 아를 시내 끝자락 고흐의 숙소에서 오자면 족히 한나절은 걸릴 거리여서 오가기 만만찮았을 것 같다. 3, 4월의 봄이 오는 길목이었으니 뜨겁지는 않았을 테지만 바람 불고 춥거나 했을 테고, 화구통을 둘러메고, 이젤이며 의자며 양손에 바리바리 들고 터벅터벅 걸어야 했을 기라면 도개교는 쉽게 갈 수 있는 곳이 아니었다. 여러 점의 도개교를 그리려면 여기를 한두 번 온 게 아니었을 것이다. 혹 밑그림을 그린 후 대부분 방에서 완성했을 수도 있지만 그건 현장감 있는 그림을 그리던 후기 인상파 화가들의 정체성에 맞지 않는다. 혼자 그림 소재를 찾아 여기저기 쏘다니다가 우연히 오게 되었을 것 같지는 않고, 누군가에게 여기에 도개교가 있다는 이야기를 듣고서 와 본 건지 모른다. 시내에서 여기까지 오자면 만만치 않은 거리이고 더욱이 아를에 온 지 얼마 되지 않아 길도 낯설었을 텐데 어찌 여기까지, 두 달간 여러 차례 와야 했을까? 평론이나 평전에서는 "고향의 도개교가 그리워서!"라는데, 그것으로는 풀리지 않는 부분이 있다.

고흐Vincent van Gogh(1853~1890)는 1888년 2월 말 아를에 도착해 레옹 블랑과 아메 데 채쇼가 사이에 식당을 겸하던 카렐 여인숙에 머물게 된다. 아를에 도착한 날 고흐는 그날의 인상을 이렇게 글로 남겼다.

"눈에 덮인 풍경에서 눈만큼이나 하얀 하늘에 솟은 흰 산봉우리들은 일본 사람들이 그린 설경과도 같다."

1888년 3월과 4월에 도개교 그림 여러 점을 그리다가 5월에는 아를 성문 밖, 역으로 가는 길목에 있었던 노란 집으로 옮겼다. 고흐의 대표작으로 꼽을 만한 그림 「밤의 카페 테라스」와 「노란 집」 등 아를 시내 곳곳을 그린 건 노란 집으로 옮겨와 그해 9월 고갱이 오기 전까지다. 노란 집에서 고흐는 파리의 동료 화가들을 초청하여 함께 공동체 활동을 계획하였다. 폴 고갱과 에밀 베르나르를 초청했다. 10월 말 고갱이 내려와 노란 집에서 함께 지냈지만 베르나르는 내려오지 않았다. 고갱과의 생활은 오래가지 못했다. 두 달 뒤 12월 23일 고흐가 귀를 자른 사건이 벌어졌고 사건 직후 고갱은 아를을 떠났다. 고흐는 여러 차례 입원과 퇴원으로 아를 병원에 드나들다가 사건이 벌어진 지 넉 달 반 만에 자진해서 생 레미의 요양 병원으로 간다.

파리에서 인상파 화가들을 만나 본격적으로 그림을 그리기 시작한 1886~87년부터 보자면 고흐의 30년의 짧은 생애 동안 화가로서의 생애는 3~4년에 불과하다. 그중 아를의 1년은 그가 화가로서 가장 집중해서 활동하던 시기였다. 고흐를 온전한 한 사람으로 바라보고 싶지만 많은 평전에는 귀를 자른 사건 전과 후, 정신병력 전과 후로 확연히 갈라놓은 논의가 있을 뿐이다. 도개교에서도 나는 그저 고흐에 관심을 둔 평범한 애호가의 한 사람일 뿐이었디. 우리 말고도 도개교를 찾아오는 사람이 있긴 했다. 관광버스가 먼지를 날리며 와서 십 분 정도 머물다 갔다. 버스에서 내린 사람들도 도개교를 바라보다 기념 촬영을 하고는 이내 차에 올랐다. 사람들을 실은 버스가 어딘지도 모를 다음 행선지로 출발하고 나면 도개교 일대는 다시 인적 없는 한여름 뙤약볕의 조용한 운하를 낀 들판이 된다. 그렇게 바람같이 차를 타고 지나간 몇 팀 외에 우리처럼 맹탕으로 걸어온 사람은 없었다.

아내는 여기의 건조한 공기를 반겼다. 습하지 않아 더위를 참을 만했던 것 같고, 특히 발가락에 생긴 물집 때문에 이 뜨거운 날씨가 반가웠던 것 같다. 도개교 옆 인근 동네로 보내는 변전설비의 간이 창고 같은 구조물이 짧은 그늘을 만들고 있었다. 아내는 몸은 그늘에 두고 발은 햇볕에 나오게 자리를 잡고 간이 의자를 펴서 앉았다. 신발을 벗어 뜨거운 햇살에 두 발을 살균 소독하는 삼매경에 빠졌다. 그동안 나는 도개교를 건너갔다 오거나, 멀리서 또 가까이서 도개교와 운하 그리고 운하 둑을 넣어 장면을 잡아가며 고흐 그림의 구도를 확인하고 있었다. 도개교 주위는 정오가 지난 한여름의 뜨거움이 절정인데, 문득 나를 감싼 시골 풍경이 참 한적하다는 생각이 들었다.

고흐의 입장에서 처음엔 고향의 이미지로 도개교에 시선을 빼앗겼을 건 분명하다. 그러다가 도개교 부근에 시선을 주며 도개교 일대의 풍경을 화폭에 옮겨놓으려 했을 것 같다. 그런 눈으로 도개교 그림을 들여다보면 그림마다 정말 그랬을 것 같은 느낌이 든다. 당시 고흐는 야외에 캔버스를 걸어 놓고 공개적으로 그림을 그릴 만큼 자신도 없었고, 대담하지 못했을 것 같다. 그렇지만 도개교라면 시내를 훌쩍 벗어난 데다 그림 그릴 소재도 있고, 주위에는 내 그림을 구경하느라 기웃거릴 시선도 없이 그저 다리 아래에서 빨래하느라 열심인 아낙들뿐 온통 들판의 고요함만 있으니 맘껏 사생하고 페인팅을 해낼 수 있었을 것 같다. 도개교에서 돌아오는 뜨겁고 메마른 길 내내 아내는 내가 늘어놓는 이야기를 들어주었다.

"있잖아. 고흐가 아를에 막 내려왔을 즈음에는 아직 남들 앞에 이젤에 캔버스를 걸어 놓고 보란 듯이 물감을 칠해갈 자신이 없었을 거야."

군 복무를 마치고 제대한 다음 날 설계사무실에 출근하기로 되어 있었다. 대학 은사님이 대표로 계시던 곳이었다. 학교 다니던 동안 날 좋게 보신 데다 먼저 그 사무실에 있던 친구가 많이 부풀려서 추천해 준 덕에 나이도 들고 설계 경험도 없지만, 기꺼이 날 뽑아주셨던 게 분명했다. 나는 속으로 고민이었다. 군 복무 동안 현장 감독하느라 설계든 스케치든 아무튼 뭔가 긁적이며 그리는 일에서 완전히 손을 떼고 있었다. 학교 다니던 시절의 감각은 전혀 남아 있지 않았다. 잘하고 못하고를 떠나 현장 감독관으로서 관록과 반비례하여 자신감이 거의 바닥 상태였다.

식구들 모두 잠자리에 든 시간에 몰래 거실에 나와 고등학교 미술 시간 이후 처음으로 그림 그리기를 시작하였다. 뭐든 그렸다. 조카 수진이가 쓰다만 크레파스 조각을 모아다 그리기 시작했다. 크레파스는 덧칠로 서툰 솜씨를 커버할 수도 있고 유화 비슷한 효과를 낼 수 있는 데다가 준비하기 번잡하지도 않아 몰래 그림 연습하기에 그만이었다. 내 기억에 한 달이 지난 즈음, 식구들에게 내놓아도 창피하지 않을 만큼 그림이 나오기 시작했다. 고흐도 한두 달 정도 도개교에 나가서 그렇게 하고서야 남들 앞에 자신을 드러낼 엄두가 나지 않았을까.

고흐의 편지를 읽다 보면 고흐는 정신병 환자가 아니었을

지 모른다는 생각이 든다. 사회나 병원이 그를 그렇게 만들었을 수도 있다. 고흐의 편지를 읽은 후 내게 닥친 심한 후유증 증세였던 게 분명했다. 게다가 고흐의 정신병을 두고 기다 아니다 의학적으로 진위 논란을 벌이자는 것도 아니다. 고흐의 모든 그림을 정신병에 따른 원인 결과로 일관하는 논의를 이해할 수 없을 뿐 아니라 그냥 받아들이기 싫어서 하는 이야기다. 그러니 고흐가 입원해 있던 곳이자 고흐 그림의 현장 아를 병원 중정에 관심이 가는 건 당연했다.

문화센터가 되어 있는 옛 아를 병원에는 사람도 별로 없고 조용했다. 늦은 오후 시간이라 중정에는 짙게 그늘이 내려앉았고 밝은 분위기는 아니었다. 중정을 한 바퀴 휘둘러봤지만 그림의 눈높이가 나오지 않았다. 인터넷에 고흐의 그림을 겨냥해서 올려놓은 많은 사진이 있지만, 모두가 중정에 서서 찾느라 시점장을 제대로 찾지 못한 것 같다. 시선의 높이로 보자면 중정 지면보다는 좀 더 위로, 2층 복도 난간 정도로 올라가야 했다. 2층으로 올라가는 계단을 찾아보았지만, 계단실 문들은 모두 잠겨 있었다. 2층 난간 바깥으로 고개를 내밀고 있는 사람도 보이지 않았다. 2층으로 외부 사람들이 올라가지 못 하게 한 건지 늦은 시간이어서 출입문 개방 시간이 지나서인지 알수 없었다. 어디 가서 뭘 물어보려 해도 안내데스크나 안내문 같은 것도 보이지 않았다. 아내가 저 위에 꼭 올라가야 하냐고 물길래 물론이라고 했다. 용감한 아내가 여행자로는 보이지 않는 중년의 한 여성을 붙들고 2층으로 올라가는 계단 입구가 보이지 않는다고 했더니 저기로 가 보라고 중정 한쪽 모서리 쪽을 가리켰다. 거기는 이미 가 봤는데 문이 잠겼던데? 그럴 리가 없는데? 이상하단 표정을 짓더니 따라오라고 그랬다. 졸래졸래 따라갔다. 계단실 입구 인터폰으로 안에 있던 누군가를 불러내어 잠깐 통화를 하더니, 왜 지금 문이 잠겨 있는지 뭐라고 그 이유를 불어로 설명한 것 같은데 제대로 알아듣지는 못했다. 곧 누가 나올 거라 하고는 돌아갔다. 잠시 후 젊은 친구가 하나 나오더니 무표정하게 귀찮은 일이라는 듯 문을 열어주었다. 그 친구 뒤를 따라 꼬불꼬불한 모퉁이를 지나 몇 번인가 작은 문을 열고서야 계단실에 들어섰다. 여행자 자격으로 2층에 올라갈 수 있었는지, 아니면 특별히 무슨 허락을 받은 셈이었는지 영문도 모르고 당당하게 2층에 올라갔다.

서두를 것 없이 천천히 난간 바깥으로 중정을 내려다보면서 복도를 한 바퀴 휘돌았다. 여기다 싶은 곳이 한군데 있었다. 전체적으로 현장과 그림의 구도가 잘 맞고 무엇보다 눈높이와 소실점도 잘 맞아떨어졌다. 화폭에서 2층 복도 난간은 거의 수평선으로 그어지는데, 난간을 포함하여 여러 가로 방향

선들을 연장해 가면 모든 선은 하나의 점에 모여들게 된다. 투시도에서 소실점이라고 부르는 그 점에서 수평선을 그어보면 그게 사물을 바라보고 있는 사람의 눈높이다. 그간 경관 연구를 하면서 이런 일을 많이 했지만, 멀리 유럽까지 와서도 이러고 있을 줄은 몰랐다.

고흐는 귀를 자른 후 상처가 덧나서 고열로 신음하다가 급히 입원하여 응급처치를 받았다. 퇴원을 했지만 1889년 2월 말 그를 혐오했던 동네 사람들 30여 명이 서명한 민원이 접수되어 경찰에 의해 다시 끌려 왔다. 그 전의 입원 때와는 달리 이번에는 강제로 끌려온 것이다. 5월 초 생레미의 요양 병원으로 갈 때까지 이 병원에 수용되어 있었다.

1층과 2층 중간의 계단참을 지나 2층 복도가 살짝 보이기 시작하는 즈음, 이게 뭐지 싶은 어떤 느낌이 온몸을 감쌌다. 실은 계단실로 들어설 때부터 나는 약간 평상심이 아니었다. 감정 이입일까? 강제로 끌려와 병원에 수용되던 때 고흐의 심경이 그랬을 것 같다는 느낌이었다. 내게는 고흐의 입장을 대변할 만한 전문적 식견은 없다만 상식적인 선에서 유추해 보자면, 아무리 오랫동안 프랑스에 살아왔어도 고흐는 외국인으로서 불어도 좀 어눌했을 테고 원체 언변이 없어 더욱 그런 인상을 받았을 수도 있다. 호감 가는 인상도 아니었을 것이다.

왜 귀를 잘랐는지는 분명하지 않지만, 귀에 붕대를 감은 자신의 모습을 당당히 그려놓은 걸 보면 고흐는 나름대로 이유도 명분도 있었을 것 같은데, 동네 사람들로서는 고흐의 그런 행동이 도저히 이해할 수 없는 비정상적인 것으로 볼 수밖에 없었을 것이다. 게다가 그림을 그린다고 그러고 있는데 도무지 이해할 수 없는 돌출 행동을 하는 이 무명의 외국인 화가에게 호감을 느낄 사람은 없었을 테니 그런 이유가 민원을 넣은 명분이 되었을 것 같다. 고흐는 자신이 억울하다 여겼겠지만, 계단으로 끌려 올라오면서 마구 항거하지는 않았을 것 같다. 그래도 속으로는 뭔가를 외치고 있었겠지. 난 병자가 아니라고.

병원에 수용된 동안의 자세한 경과는 모르겠다. 자유로운 활동이나 그림을 그리는 걸 통제받고 있었을 것이다. 그러다 그림을 그려도 좋다는 허락을 받고 여기 2층 복도에서 아래를 내려다보며 「아를 병원 중정」을 그렸을 텐데, 그림을 그리려 자리를 잡은 게 1층이 아니었던 것은 중정 전체를 조감하기 좋은 시점장을 찾느라 그랬거나 아니면 2층 병동을 벗어나지 않는 범위에서라는 약간의 제약이 있었기 때문일 수도 있다. 그런 고흐의 입장을 상상하며 그 현장에 한참 서 있었다.

사진과 그림을 나란히 놓고 보면 그림을 그린 당시에 비해 정원 손질이 좀 된 것 같다. 예전에는 회양목처럼 보이는 관목이 경계를 따라 몇 그루 있으면서 원로가 지금보다 아주 좁았던 것 같다. 고흐가 그림에 어울리게 원로를 약간 좁게 그려넣었을 수도 있지만, 정원의 화단을 새로 했을 수도 있고 그 과정에서 원로 선형이 달라졌을 수도 있다. 둥근 연못 가운데는 사각형 모양으로 상자 같은 게 하나 솟아 있는데 그게 지금처럼 분수 노즐이었는지 확인되지 않는다만 사소한 문제를 따지고 보자는 게 아니니 그런 것들은 그냥 넘어간다. 연못에서 대각선 원로를 따라가면 건물 모서리 벽체에 의지하여 가건물 같은 게 서 있고 그 앞에 긴 앞치마를 걸친 여인이 있는데, 복장으로 봐서는 이 병원에서 종사하던 간호사인 것 같다. 그 오른쪽으로 로지아 앞에는 화분에 담긴 관목류가 열 지어 있고 복도를 따라 걸어가는 한 사내가 있다. 그 사람도 이 병원의 환자는 아닐 것 같다. 1층 중정 주위에는 그 외 특이사항은 더 보이지 않는다. 2층 난간 위로 복도에 나와 있는 여러 사람의 허리 윗부분이 올라와 있다. 어떤 사람은 앉은 모양이고 어떤 사람은 선 자세인데, 혼자 있거나 함께 있다 해도 거의 일정 간격을 두고 있다. 그건 저 사람들이 더불어 있는 게 아니란 걸 말한다. 서로 일정한 간격 이상으로 떨어져 있으면서 상대방 가까이 더 근접하지 않은 상태를 유지하고 있는 2층 병실에 수용된 환자들이 분명해 보인다. 그냥 일상으로 복도에 나와 햇볕을 쬐는 시간이었을지 아니면 고흐를 비롯해 모든 환자에게 복도까지 바깥출입을 허락한 짧은 시간 동안이었을지 모른다만 모두가 고흐가 있는 쪽을 물끄러미 바라보고 있다. 그때도 지금처럼 2층 복도에는 조용한 정적이 흐르고 있었을 것 같다. 아내는 그러고 있는 나를 그냥 지켜보며 온몸으로 대충 나가자고 재촉하고 있었다.

세잔, "베르나르, 당신도 화가요?"

파리에서 프로방스로 내려온 또 한 사람 폴 세잔Paul Cézanne(1839~1906)은 고흐처럼 남부 프랑스의 강렬한 햇살의 고장을 찾아온 게 아니었다. 엑상프로방스(이하 엑스)는 세산의 고향이었다. 주변 사람들 입에 오르내리며 부대끼는 게 싫어서 파리를 떠나 집으로 내려왔다. 세잔에게는 은행가였던 부친이 남겨준 넉넉한 유산이 있었다. 모친이 돌아가시자 넓은 정원이 딸린 저택을 팔고 시내의 작은 아파트에 들어갔다. 그리고 시내에서 뚝 떨어진 산기슭 비탈길에 땅을 사서 2층짜리 아틀리에를 만들고 매일 아파트와 아틀리에를 오가며 그림에만 몰두하고 있었다.

고향에 내려온 이후 세잔은 파리에서 달고 다녔던 세상의 혹평조차 기억에서 지우고 홀로 그림만 그리며 지내느라 사람들의 기억에서도 사라졌다. 그런 세잔을 세상에 다시 알린 것은 에밀 베르나르Emile Bernard(1868~1941)였다. 파리에서 화가이자 미술평론가로 활동하던 베르나르는 세상 사람들이 모두 세잔을 혹평하던 때 홀로 그를 칭송하는 글을 썼고 마음속으로 항상 존경하고 있었다.

베르나르는 가족 여행으로 떠난 북아프리카 여행에서 돌아오는 길에 마르세유에 도착했다. 마침 점심을 먹으러 들어간 레스토랑에서 홀 서빙을 하는 아이가 마르세유에서 엑스로 다니는 기동차가 새로 개통되었다며, 옆 테이블 손님과 나누던 이야기를 듣고, 불현듯 엑스가 세잔의 고향이란 사실을 떠올렸다. 그 길로 세잔을 만나러 엑스로 갔다가 한 달 동안 세잔과 함께 지내게 되었다. 그때의 이야기『세잔의 회상』(1921)은 세인들 기억에서 사라졌던 세잔의 존재를 세상에 다시 알리는 역할을 했다.

베르나르는 세잔을 만나러 길을 떠났지만, 세잔의 주소는 물론 세잔이 여전히 엑스에 살고 있는지조차 몰랐다. 엑스로 가는 기동차 안에서 세잔의 근황이나 세잔이 사는 동네라도 알아보려 했으나 그를 아는 사람이 아무도 없었다. 괴팍한 성격에 느닷없이 고향으로 내려와 버린 세잔은 파리에서 날리던 화가로서 명성은 잊힌 지 오래였다. 그래도 그렇지 그 유명했던 세잔을 이토록 모를 수가 있나 싶어 엑스 시내 광장에서 이 사람 저 사람 붙들고 세잔이란 화가를 모르느냐 물어봐도 헛수고, 고향 엑스에서도 그의 존재를 아는 사람이 없었다. 그런 베르나르를 지켜보던 한 양반이 "당신이 찾는 세잔이란 사람이 누군지 나는 모르겠소만 그토록 찾고 싶다면 시청에서 선거인 명부를 보면 어떻겠소? 만약 그 양반이 아직 엑스에 살고 있다면 주소가 나와 있지 않겠소."라 그랬다. 베르나르는 시청에서 주소를 알아내어 세잔의 집을 찾아갔다.

프로방스 어디서든 엑스로 가자면 일단 마르세유에 가서 엑스로 가는 기차를 갈아타는 게 가장 편했다. 우리는 마르세유역에서 엑스로 가는 기차를 기다리고 있었다. 환승 기차가 출발하기까지 충분한 시간이 있어서 잠시 시내로 들어갔다 올까 싶었다. 대합실을 나서자 한낮의 마르세유를 휘감고 있는 건조하고 뜨거운 대기에 숨이 턱 막혀 왔다. 마르세유는 예전에 영화에서 종종 봤던 것처럼 높고 낮은 구릉의 언덕 위까지 빽빽하게 채운 신기한 모습 그대로였지만 북아프리카의 따가운 건조 기후 영향권의 한낮의 열풍은 우리들 몹시 불편하게 했다.

엑스에 도착했다. 숙소에 짐을 풀어놓고 광장으로 나왔다. 아직 한낮의 열기가 식지 않은 광장 주위는 많은 사람으로 북적였다. 복잡한 가운데서 무얼 떠올리고 그럴 분위기가 아니었다. 다음 날 일찍 채비해서 호텔을 나섰다. 이른 아침이어서 광장엔 아직 열기가 들지 않았고 다니는 사람도 없이 한적했다. 막 엑스에 도착하여 세잔을 아는 사람을 수소문하고 한 번도 본 적이 없는 세잔을 찾아가던 베르나르를 떠올렸다. 아직 건강히 잘 계신지 일면식도 없는 자신을 환영해 주기나 할지.

내게도 유학 시절 지도 교수님을 처음 뵈러 가던 때의 설렘과 긴장했던 그 비슷한 기억이 있다. 1년간의 어학코스와 어학시험을 마치고 카를스루에 대학에 임시로 등록을 해 놓고, 아내와 막 두 살이 된 큰아이를 독일로 불렀다. 박사 과정에 들어가기 위해 여기저기 편지를 넣고 애를 썼지만 쉽지 않았다. 그러던 중 마침 하노버대학에서 내게 호의를 보여주시는 교수님과 연락이 닿았다. 교수님께 먼저 나를 소개하는 편지를 드렸고 얼마 후 공중전화로 통화를 하였다. 며칠 뒤 한번 만나자는 편지를 받았다. 하노버역 구내 지도에서 연구실 주소지를 확인하고 역에서 도보로 20분 정도 걸리는 캠퍼스까지 천천히 걸어갔다. 약속 시간까지는 시간 여유가 있었다. 일단 연구소 앞까지 가서 위치를 확인하고 근처 잔디밭 벤치에 앉아 있다가 약속 시각에 5분 여유를 두고 연구실로 들어갔다. 그때의 설렘과 긴장은 설명하기 힘들 정도다. 교수님은 내게 호의를 보이셨고 그 자리에서 연구실에 나오라는 허락도 받았다.

그렇게 우리는 하노버로 이사를 했다. 당시 아내는 작은아이를 가져 만삭이었다. 하노버대학의 지도 교수님 연구실에 들어가 공부를 시작한 지 1년 남짓 지나 작은아이가 혼자 뭘 짚고 일어날 수 있게 된 즈음, 교수님께서 댁으로 초대했다. 빈방이 있는데 괜찮다면 우리 식구가 거기 와서 지내도 좋겠

화가의 아틀리에

다며, 아내가 어떤 생각일지 모르니 한번 와서 방도 볼 겸 함께 주말에 놀러 오라고 하셨다. 그즈음 우리는 어렵사리 기숙사 패밀리 룸을 배정받고 독일 생활 2년 만에 처음으로 제대로 된 집 같은 집에서 산뜻한 생활을 막 시작한 참이었지만, 운명은 이 편안한 삶을 두고 보지 않는 것 같았다. 아내에게 무조건 교수님 댁으로 옮기자고 그랬다.

교수님 댁은 하노버 외곽의 작은 도시 게르덴이었다. 기숙사는 하노버에서도 북동쪽의 끝 의과대학 부근이었고 게르덴은 하노버의 남서쪽 끝에서 한참 시골로 나가야 있었다. 전철로 종점에서 대각선 끝의 저쪽 종점까지 가서 버스 환승장에서 다시 여기저기 시골 동네로 떠나는 버스를 타고 한참을 더 들어가는데, 교수님 댁은 버스에서 내려서도 다시 중심가를 지나 남쪽 끝머리의 단독 주택이었다. 우리에게 내주고 싶어 하신 빈방은 본채에 증축해 낸 복층 구조의 원룸이었다. 사모님께서는 그냥 살면 괜히 공짜로 얹혀사는 기분일 테니 전기세, 상하수도 요금, 난방비 같은 건 우리가 쓰는 대로 부담하여 당당하게 지내라며 세세한 것까지 헤아려 주셨다. 그건 교수님 내외분께서 개인적으로 배려해주신 장학금 혜택과도 같았다. 모두 아내를 위한 배려였던 걸 깊이 감사하고 있다. 우리는 기숙사에서 나와 그 댁으로 이사를 했고 학위를 끝내고 귀국할 때까지 마지막 한 해를 거기서 보냈다.

아내는 이 댁과 도시를 마음에 들어 했다. 내게도 게르덴에서 산 1년 동안은 4년 반 동안의 유학 시절을 통틀어 가장 기억나는 시간이었다. 나는 논문 연구에 몰두할 수 있었고 두 돌 된 둘째까지 포함해 모두가 사모님 그리고 바로 이웃의 헨델 씨 가족과도 재미있게 지내면서 편안하고 뜻깊게 보냈다. 게르덴에서 교수님 내외분과의 인연을 맺어가던 시절, 아내에게는 뚜렷하게 기억되는 그 시절의 일들이 있었다. 아내는 사모님과 드라이브하여 가까운 근교에 나가 시골 동네에 자리 잡은 고급스러운 레스토랑에서 브런치도 했다. 그게 어디였는지 확실히 기억하지 못하였지만 게르덴 외곽의 어느 한적한 농가를 개조하여 운영하던 레스토랑이었던 것 같은데 함께 커피나 브런치를 하면서 보낸 것도 결코 잊을 수 없는 시간이었던 것 같다. 그 시간 나는 다락방에 올라가 공부하느라 저 아래 세상에서 무슨 일이 벌어지고 있는지도 모르고 있었다.

엑스의 광장에서 아내와 나는 잠시 게르덴에서 지내던 기억을 떠올렸다. 그리고 다시 베르나르의 회상으로 돌아왔다. 세잔이 사는 주소를 알아내 찾아간 집 앞에서 베르나르는 마침 캔버스와 화구통을 메고 밖으로 나서던 세잔을 만났다. 예전부터 존경하고 있었다며 자기소개를 하고 마르세유에 왔다가 이렇게 찾아뵈러 왔다는 사정을 이야기했다. 세잔은 세상 사람들과 담을 쌓고 살아왔지만, 예전에 자기 작품에 대해 호평의 글을 써 주었던 에밀 베르나르의 이름을 떠올리고 다른 어떤 사람들에게도 보이지 않던 호의를 보였다. 세잔은 베르나르를 당연히 글 쓰는 비평가일 거라고 여겼는데, 그 역시 화가라는 걸 알고 큰 동질성을 느꼈다.

"베르나르, 당신도 화가요? ……아, 당신도 나 같은 화가군요."

세잔은 마침 아틀리에로 가는 길이니, 베르나르에게 함께 가자고 제안했다. 아틀리에 출입을 허락한 첫 외부 사람이었다. 자신의 아틀리에에 나와서 함께 작업을 하는 게 좋겠다고 말했다. 세잔 작업실은 2층에 있었다. 2층으로 올라가는 계단실 옆 1층에 창고처럼 사용하던 곳을 비워 베르나르가 작업실로 쓸 수 있도록 해 주었다. 북아프리카에서 가족과 함께 시간을 보낸 베르나르는 곧바로 파리로 돌아가지 않고 마르세유나 남부 어디에서 한 달 더 있을 계획이었지만, 그 한 달을 엑스에 방을 하나 얻어 있으면서 매일 아틀리에에 나가서 그림을 그리며 세잔과 함께 지냈다.

베르나르가 파리로 돌아오고 얼마 되지 않아 세잔이 세상을 떴다. 세잔의 부고 기사가 실린 신문을 받아들었을 때는 이미 장례도 모두 끝나고 한참이 지난 때였다. 그리고 몇 해가 지난 뒤 베르나르는 스승이 없는 엑스를 찾아 프로방스로 내려갔다. 엑스 시내 곳곳에서 세잔과 함께했던 곳에 가보며 예전의 기억을 떠올렸다. 그리고 세잔과 함께했던 그 한 달간의 기억을 책으로 묶었는데, 바로 『세잔의 회상』이었다.

내게도 그 비슷한 일이 있었다. 학위를 마치고 학교에 자리를 잡았다. 그리고 7년이 되는 해에 연구년 신청을 했다. 첫 연구년은 교수님 연구실에 가고 싶었다. 하노버대학교와 교환 교수 절차를 밟던 중, 사모님께서 보내신 한 장의 엽서를 받았다. 교수님이 돌아가셔서 가까운 친지들과 무사히 장례를 치렀다는 내용의 사후 부고였다. 내가 연구년을 시작하기도 전이었다. 그리고 몇 달 후 교환 교수로 옛 연구소에 갔다. 사모님을 찾아뵙고 교수님 묘소에 가서 큰절을 올렸다. 교수님이 계시지 않는 연구소는 많이 허했다. 이 책의 마지막 교정을 보기 며칠 전에는 사모님이 돌아가셨다는 전갈을 받았다.

모네, 백내장 없이 본 지베르니 연못

언제부턴가 글씨가 잘 보이지 않아 애꿎은 안경만 열심히 닦았다. 날이 갈수록 정도가 심해지는 게 단순히 안경에 낀 먼지 때문은 아닌 것 같아 안과에서 제대로 정밀검사를 해야겠다 싶었다. 그 당시 우리 동네 대로변에 안과가 하나 있었다. 의사는 젊고 모범생같이 생겼는데 이것저것 신중하게 검사를 하더니 무슨 이야기를 해도 놀라지 마시라며 몇 번이고 다짐을 받았다. '야, 이거 뭔가 큰일인가?' 안과에서도 불치병 같은 게 있는지 모르겠다만 아마도 그 비슷한 건가 싶어 얼마나 긴장했는지 모른다. 그런데 의사 이야기가 노안이 와서 그렇단다. 아니 글쎄, 그런 걸 가지고 그리 사람 겁을 줬나?

병원을 나오며 나는 휘파람을 불고 있었다. 노안이야 누구나 오는 것이니 조금 일찍 왔으면 어때, 그걸로 병은 아닌 게지. 어쨌건 잘 안 보인 건 내 잘못도 아니고 안경에 묻은 먼지 때문도 아니었구먼. 좀 이른 나이이긴 해도 그냥 노안이 왔나 하고 담담히 받아들이거나 아니면 노안이란 말이 어감상 싫다면 시력이 약해졌다 하면 될 걸 그게 뭐 그리 충격까지 받을 일인가 싶었다.

아내는 돋보기를 써야 했을 때 조금 충격을 받은 듯했다. 눈

화가의 아틀리에

이 좋던 사람은 노안이 오면 글을 읽을 때 돋보기를 써야 하지만 안경을 쓰던 사람은 안경을 벗어야 글씨가 보인다. 사람들은 그냥 맨눈으로 글을 읽느냐며 그거 편해서 참 좋겠다며 부러워하지만, 쓰고 있던 안경을 벗고 글을 읽고 다시 안경을 써야 하니 사실은 훨씬 불편하다. 안경을 쓰지 않던 사람들은 그런 사정까지는 알지 못한다. 원래 안경을 쓰는 사람은 어차피 안경은 쓰던 거고, 노안이 왔다 해도 최소한 돋보기라는 시력 조정용 기구를 새로 맞출 필요가 없다. 별다른 신변 변화가 없으니 돋보기를 쓰든 아니든 그게 뭐 대수냐 싶지만, 안경을 안 쓰던 사람이 돋보기를 맞춰야 할 시점이 되면 사정이 좀 다를 것 같다. 그게 꼭 돋보기여서가 아니라 아 이제 난 보조 기기에 의존해서 살아야 하는 노인이 되나 싶을 것이다. 더욱이 그게 나이를 먹어서 돋보기를 맞춰야 하는 것은 선글라스를 맞춰 쓰는 것과는 분명 다른 일이어서 아내의 충격이 이해될 듯했다.

노안이 온 후로 글을 볼 때는 안경을 벗었다가 썼다가 하며 조금 불편하지만 별문제 없이 지냈다. 그러다가 누진 다초점 렌즈란 게 나오면서 그걸로 갈아타고부터는 썼다 벗었다 할 필요도 없이 편하게 잘 지냈다. 그러고 한참의 시간이 지나 60대에 가까워져 올 즈음, 서서히 이상 조짐을 보이던 게 급기야 멀리 있는 물체를 식별하기 어려운 지경에 이르렀다. 조금 날이 어둑해지거나 실내조명이 조금 어둡다 싶으면 더 심했다. 논문 심사 때나 외부 자문회의 같은 데 가서도 스크린에 비친 화면이 잘 보이지 않았지만 그걸 또 숨기느라 "저기 저거 뭐 잘못된 것 같은데?"라며 능청을 떨었고, 복도에서 학생들이 인사를 하면 "오, 잘 지내요?" 혹은 "오늘 날씨 좋지요?" 그러면서 일단 인사를 받았지만 실은 가까이 다가올 때까지 누군지 모르고 있었다는 걸 아무도 눈치채지 못했을 거다. 그래도 그런 건 대충 감으로 처리하면 되지만 정작 몹시 불편했던 건 길게 늘어선 버스정류장 인파 틈에서 내가 탈 버스를 멀리서부터 미리 알아볼 수가 없어 애를 먹던 일이었다.

아내가 무슨 낌새를 차렸는지 안과에 가서 검사 한번 받아보자 그랬다. 안과에서는 백내장이라 그랬다. 나이가 좀 드신 의사분이었는데, 많이 불편하냐고 물었다. 불편한 건 분명했지만 그걸 심하다고 판단할 건가를 두고 잠깐 고민하다가 심한 건 아니라고 그랬더니, 좀 참고 지내다가 심해지면 큰 병원으로 가서 치료를 받으시라고 했다. 그런데 백내장 말고도 녹내장이 좀 있는 것 같은데 그건 정밀 검사 기계가 있어야 하니 여기서 검사할 수 없고 큰 병원에 가서 검사를 받아보는 게 좋겠다고 그랬다. 그냥 나 혼자였으면 대충 넘어갔겠지만, 아내가 그 자리에 있는 한 전혀 허용될 일이 아니었다. 당장 그길로 큰 병원에 끌려갔다. 큰 병원에서는 녹내장은 걱정할 것 없지만 백내장이 심하니 수술을 해야 한다는 것이었다. 그냥 약물 치료로 어떻게 되지 않겠느냐 그랬다가 아주 혼이 났다.

"심해도 엄청 심해요. 지금까지 이렇게 심한 경우를 보지 못했어요!"

얼떨결에 그 자리에서 수술 날짜를 잡았다. 먼저 한쪽 눈 수술을 하고 며칠 있다가 다른 쪽을 마저 했다. 현대 의술의 발달로 백내장 정도 수술은 전혀 우려할 게 아니었다. 수술하는 날 아내는 학교에 가야 해서 나 혼자 갔다.

백내장이란 간단히 이야기하자면 수정체에 단백질이 낀 것이어서 백내장 수술에서는 그걸 인공수정체로 갈아 넣는 것이라 했다. 의학적으로는 어떻게 정의를 내리는지 몰라도 나 같은 사람에게는 아주 쉽게 이해되도록 설명을 해 준 것 같다. 인공수정체를 넣는 데는 두 가지 선택이 있는데, 지금처럼 평소에는 안경을 쓰고 글씨를 읽을 때 돋보기를 안 쓰는 걸로 보통 근시와 같은 눈을 가지도록 하는 방식과 평소에는 안경을 안 쓰고 글을 읽을 때 돋보기를 쓰는 방식이 있는데, 둘 중 어느 걸로 하겠느냐 묻기에 단 일초도 망설이지 않고 지금처럼 돋보기 없이 글을 읽는 쪽을 택했다. 정년퇴직 이후에도 글을 계속 읽을 거라는 작정이었던 게지. 그 자리에 아내가 있었다면 전혀 사정이 달라졌을 거다.

"이제 책 좀 그만 봐요!"

수술 후 통증 같은 것도 없었다. 다만 수술 때 동공 확장을 하기 때문에 수술 후 동공이 열려 있는 몇 시간 동안은 정상적으로 볼 수가 없다. 안경을 쓸 수 없다 보니 수술을 하지 않은 다른 한쪽 눈으로는 앞을 잘 볼 수 없다. 그래서 혼자서는 택시 잡기가 곤란해진다. 택시를 잡기 위해서라도 수술 때는 보호자가 필요하다만 그걸 미리 알 수 없었다 보니 집에 올 때 애를 먹었다.

어머니는 아직 내가 백내장 수술한 걸 모르신다. 굳이 자랑처럼 떠벌릴 일은 아니지 않는가. 방학 동안 눈 깜짝 새 끝난 일이라 학과나 학회의 동료 교수들도, 우리 연구실 대학원생들도 학과 학생들도 내가 인공수정체로 갈아 낀 걸 모르고 있었다. 복도 저 멀리에서 꾸벅 인사하는 학생도 산뜻하게 알아볼 수 있고 발표하는 스크린의 화면도 환하게 들어왔다. 자문회의에서 깨알 같은 잔글씨를 다 읽어내는 건 물론이고 몇십 미터 전방의 버스 번호까지 읽어낼 만큼 눈이 깨끗해졌다.

처음 안경을 쓴 건 고3 때였다. 독일어 시간에 칠판 글씨가 너무 잘아서 거의 읽을 수가 없었다. 어머니께 내가 시력이 나빠져 안경을 좀 맞춰야 할 것 같다고 했더니 지금까지 친가나 외가에 안경 쓴 사람 하나 없다며 놀라셨다. 안경을 쓰는 게 큰 죄를 짓는 건가. 하긴 어른 앞에서 안경을 쓰고 있는 자체가 불경스러운 일로 여기던 시절이었으니 안경 쓴다는 걸 크게 잘못한 일로 여겨졌을지도 모른다.

수술을 하고는 처음 안경 썼을 때와는 비교가 되지 않게 밝은 세상을 만났다. 백내장인 걸 모르고 그렇게나 찡그리며 안경을 이리저리 돌려가며 애를 먹었나 싶었다. 수술 후 좀 불편한 건 전보다 눈부심이 심해진 것인데, 그래서 평소에는 거의 선글라스를 쓴다.

모네Claude Monet(1840-1926)는 노년에 백내장으로 고생했다고 하는데, 백내장으로 나는 다른 사람들보다 모네에 가까이 다가갈 수 있는 행운을 얻었다. 지베르니에서 만난 모네정원은 온 세상의 꽃을 한자리에 다 모아 놓은 듯했다. 길 건너편의 커다란 연못이 중심이 된 정원에는 물가의 수양버들과 물 위에 가득한 수련이 어우러져 인상 깊었다. 원래 만들었던 정원은 '꽃의 정원'이었고, 수련이 가득한 '물의 정원'은 땅을 더

사서 나중에 만들었다. 연못 가운데를 넘나들게 해 놓은 일본식 홍예다리가 물 위에 비쳐오고 물 표면에 떨어진 수양버들이 수련과 수초와 어우러져 다리 그림자에 푸른빛 하늘과 흰 구름이 하나가 된 별천지가 펼쳐지고 있었다. 아내는 홍예교 한가운데 접이의자를 펴고 앉아 오후 한낮의 뜨거운 햇살이 만든 시원한 그늘에서 폼 나게 정원을 감상하고 있었다.

물의 정원이 완성되고 수련과 연못가의 수양버들이 무성하게 자리를 잡으면서 모네의 수련 연작 작업도 본격적으로 시작되었다. 모네는 1908년 68세 때 백내장 판정을 받았다. 당시 백내장 수술은 난제였던 모양인지 몇 차례 수술에도 효과를

보지 못해 심하게 마음고생을 했고 우울증에 시달렸다는 이야기도 있다. 그런 병력을 근거로 나온 이야기겠지만, 모네의 그림이 대부분 특히 물의 정원을 그린 수련 연작들이 뿌옇게 표현된 이유가 노년의 모네를 괴롭힌 백내장 때문이라는 안과적 의견이 일파만파가 되어 인터넷에 널리 퍼져 있었다.

백내장 수술을 하기 전에 왔더라면 나의 병력 덕에 지베르니의 수련이 핀 정원을 모네의 시선대로 만날 수 있어 큰 덕을 본다고 했겠지만, 다행인지 불행인지 지베르니에 갔던 건 수술 후였다. 말끔해진 내 눈에도 지베르니 연못 표면에 떨어진 상은 흐릿하게 초점이 맞춰지지 않고 있었다. 모네의 그림이 뿌옇고 흐릿하게 되어 있는 것은 백내장으로 인한 시력 장애로 나타난 현상이 아닐 수 있다. 모네의 젊은 시절부터 노년까지 작품들을 한자리에 죽 널어놓고 보면 모네의 수련 연작 시리즈에 나타나는 흐릿한 현상은 이미 젊은 시절의 작품에도 보인다. 이제 모네의 그림을 백내장으로 이야기하는 것은 설득력이 많이 떨어진다.

"모네의 수련 모티프, 물의 정원을 마주한 이 자리에서는 하나의 의학적 소견일 뿐 아무런 의미가 없어진다."(『세상에서 가장 아름다운 정원』, 150)

르누아르, 팔목에 붓을 묶고

프로방스에 간 건 지중해의 아름다운 풍광도 풍광이지만 춥지 않고 따뜻한 지방으로 가자는 아내의 바람이었다. 프로방스, 지중해, 햇살 같은 여행의 키워드를 갖고 있었지만, 애초부터 니스 해변 가까이 갈 생각은 없었다. 어릴 적 바닷가 동네에 살던 때도 바닷물에 발을 담그는 것보다는 산에 올라가 산 위에서 바다를 내려다보는 걸 좋아했다. 그런 나를 따라 절로 그렇게 된 것인지 아내도 바닷가의 따가운 햇볕에 일광욕하는 걸 별로 좋아하지 않았다. 둘이서 바닷가 백사장을 거닌 적은 있어도 해수욕을 하러 바닷가를 간 적은 없었다. 한번은 아이들이 왜 우리는 해수욕장으로 피서를 간 적이 없느냐 물었다. 무슨 그런 걸 불만이라고 하느냐며 그런 건 친구들하고 같이 놀러 가는 거 아니냐고 했더니, 그건 그거고 해수욕장 가족 피서를 간 적이 있느냐는 걸 따지는 거래나 뭐라나. 하긴 그러고 보니 정말 우리 식구는 바다로 피서는커녕 그냥 바닷가로 여행을 간 적도 없었다.

우리가 지중해로 내려간 것은 아를과 엑스를 거쳐 내친걸음에 르누아르Auguste Renoir(1841-1919)가 노년에 살았던 곳, 르누아르 미술관이 있는 니스 부근의 카뉴에 가려던 참이었고 숙박비가 싼 호텔을 찾느라 니스 중심가에서 조금 떨어져 나온 곳에 숙소를 예약해 놓은 것이지, 니스 해변에 가려던 건 아니었다.

니스로 가기 이틀 전 니스 해변에서 차량 테러 사건이 났다. 해변의 인파 한가운데로 대형 트럭 한 대가 작정하고 돌진한 바람에 수많은 사상자가 생겼다. IS의 소행이라고 했다. 그때 우리는 엑상프로방스에 있었다. 엑스의 역이고 시청사 로비고 시내 곳곳에 추모 촛불과 서명이 이어지고 있었다. 자막도 알아볼 수가 없고 뉴스는 더욱 알아들을 수 없으니 속보로 나오는 TV 뉴스도 그냥 화면만으로 짐작하는 수밖에 없었다. 매시간 뉴스로 다루어지고 있었지만 뉴스 앵커와 연결된 리포터의 오디오만 나올 뿐 범인이 누구였고 몇이 왜 벌인 소행인지, 잡혔는지 사살되었는지 혹은 자살했는지 도주 중인지, 사건 이후의 상황을 짐작할 만한 장면 하나 나오지 않았다. 아내도 별반 동요가 없었고 나는 그냥 무심한 척 여기저기 돌아다니는 데만 신경을 쓰고 있었다. 내일이면 니스로 가야 할 시간이었다. 저녁 식사 후 아내가 슬쩍 지나가는 말로, 우리 괜찮을까? 물었다.

"에이 그럼, 괜찮지, 벌써 테러가 난 게 언젠데."

실은 전혀 그렇지가 않았다. 난 아직 범인이 어떻게 되었는지 모르고 있었다. 테러가 난 장소에서 연이어 테러가 날 확률은 없겠지만, TV 모니터에서 종일 반복되는 속보 뉴스에서도 범인이 잡혔거나 사살되었거나 그런 영상을 본 적이 없으니 아직 도주 중일지도 모른다. 만약 도주 중이라면 다른 곳으로 탈출하는 길은 모두 차단되었다고 치고, 그렇다면 사건 현장보다는 그 외곽으로 조금 나간 곳, 이를테면 예약해 놓은 우리 숙소가 있는 그런 정도에 숨어 있다가 최후의 항전을 할 우려가 있다. 그럴 수도 있는 상황이라고 소설 같은 스토리를 일러줄 수도 없고 그렇다고 태연히 거기로 가는 건 더욱 말이 안 되는 것 같다. 어쩌면 아예 그 근처로는 출입 통제가 되어 들어갈 수조차 없을지 모른다. 만약 그렇게 되면 앞으로 모든 일정에 차질이 생긴다.

한밤중까지 용쓰느라 잠도 오지 않는데 어찌해 볼 방법이 없었다. 문득 우리나라 뉴스를 보면 되는 것 아닌가 싶었다. 낮에는 돌아다니고 밤에는 지쳐서 곯아떨어지느라 생각할 겨를도 없었지만 그래도 그렇지 왜 진즉 그 생각을 못 했지? 노트북을 펴서 인터넷으로 들어가 봤다. 순식간에 상세한 소식을 접할 수 있었다. 범인은 그 자리에서 사살되었다는 사실을 비롯해 사건 전모가 보도사진과 함께 자세히 나와 있었다. 이렇게 간단히 해결되는 걸 여태 왜 이러고 있었지? 인터넷에 들어가 보려는 생각을 못 한 내게 일차적 문제가 있었지만 그렇다 해도 내 잘못을 뒤집어씌울 대상이 필요했다. 어떻게 TV 뉴스란 게 맨날 메인 데스크와 현장 리포터의 실시간 대화만 내보내니? 프랑스 TV, 참 문제야!

르누아르 미술관이 있는 카뉴는 니스에서 기차로 조금 더 가야 했다. 카뉴역에서 시내로 들어가는데 햇볕이 몹시 따가웠다. 그늘에만 들어가도 서늘해서 별문제는 없었지만 잠시만 햇빛에 노출되어 있어도 머리가 띵했다. 볕을 피해 그늘 한쪽에는 헌책 좌판이 열리고 있었다. 한여름 낮 작은 광장은 쉬고 있는 사람과 지나다니는 사람들이 섞여 평화로웠다.

4차선 큰길을 벗어나 르누아르 미술관 작은 표지판을 보고 샛길로 따라가니 꼬불꼬불 오르막길의 산동네가 시작되었다. 대부분 넓은 대지에 정원을 갖춘 잘사는 집들이 모여 있는 동네여서 집들이 다닥다닥 붙어 있지는 않았다. 르누아르에 관해서는 따로 읽은 평전도 없고 아무 준비도 없이 오다 보니 주변 환경에 대해서도 아는 바가 없었다. 르누아르 미술관도 그런 집 중 하나겠지 예상했지만, 표지판이 가리키는 쪽은 어마어마한 대지가 딸린 저택이었다. 백 년은 되어 보이는 올리브

나무들이 여기가 한때 과수원이었다는 걸 보여주고 저택 가까운 쪽으로는 잘 가꾼 정원이 있었다. 산동네다 보니 멀리까지 시내와 일대의 경관이 한눈에 들어왔다. 다른 인상파 화가들과 달리 르누아르는 고생이라고는 모르고 지냈을 것 같았다. 그의 작품이 주는 화사하고 포근한 이미지 때문에 더욱 그랬고, 따뜻하고 풍광이 좋은 지중해로 내려와 저택을 마련하여 편안히 지냈을 노년의 르누아르를 상상하고 있었다.

충충이 방마다 르누아르의 그림과 평소 즐겨 만들었다는 조소 작품들이 가득했다. 어느 꽤 큰방에 이르렀다. 방의 크기나 천장의 높이로 봐서도 그냥 거실 용도는 아니었을 것 같고 아틀리에로 쓰던 곳이었을지도 모르겠다. 방 한가운데에 휠체어와 이젤이 놓여 있는 걸로 봐서 노년에 거동이 불편해서 휠체어에 의지했거니 했다. 벽에 걸린 옛날 사진 하나에 시선이 멈췄다. 이건 또 뭐지? 바짝 메마른 몸과 얼굴, 그리고 휠체어에 몸을 묶고 팔뚝에 붓대를 길게 하여 끈으로 묶어 이젤 앞에 앉아 있는 노인, 바로 르누아르였다. 사진 앞에 섰던 시간은 아주 잠깐이었지만 미술관을 둘러보는 동안 그 영상이 뇌리에서 떠나지 않았다.

르누아르는 60대에 남부 프랑스로 내려왔다. 심한 류머티즘으로 고생을 했고 70대에 들어서 팔에 마비가 와서 휠체어에 의존했다. 르누아르의 작품 중 「Mrs. Renoir」(1916)나 「Mother & Child」(1916) 같은 것들은 거의 몸을 가누지 못한 상태에서 나왔다. 고통스러움을 견디며 혼신의 힘으로 그려낸 르누아르의 그림, 한 장의 사진은 생의 후반에 이른 르누아르의 긴 노년의 시간을 말없이 전해주고 있었다. 난 그런 것도 모르고 그냥 작품이 좋다고 하고 있었다.

르누아르의 그림에는 아들 장을 모델로 그린 것이 여러 점 있었다. 큰아들 장 르누아르(1894-1979)는 유명한 영화감독이었다. 흑백영화 〈게임의 규칙〉(1939)은 장면 어느 하나도 허술하게 처리한 게 없이 실내든 옥외든 등장인물들의 몸짓과 움직임까지 구성이 치밀했다. 개인적으로는 요즘 현대 예술영화라 해도 절대 따를 수 없는 명작으로 꼽는다만 그 영화가 장의 작품이었다. 이런 정도가 내가 알고 있던 르누아르에 관한 상식의 전부였다. 평소 사석에서 내가 알고 있는 영화에 관한 상식까지 더해 놓으며 화가 르누아르에 대해서도 좀 안다고 자신하고 있었다. 장 르누아르 감독 때문에 르누아르가 어느 인상파 화가들과는 다르게, 프로방스의 아름다운 풍광 속에서 유복한 노년을 보냈으리라 지레짐작한 것도 사실이었다. 르누아르 미술관에서 직접 눈으로 마주한 휠체어와 이젤 그리고 낡은 빛깔의 흑백 사진 하나가 담고 있는 진실 앞에서 나는 아무엇도 할 수 없었다.

작품들에 한참 열중을 하고 있는데 전시장 곳곳을 지키고 있던 직원들의 움직임이 약간 부산해지는 것 같았다. 이 방 저 방에서 관람하던 사람들이 하나씩 사라지는가 싶더니 우리만 남았다. 좀 이상하다 싶긴 했지만 그럴 만한 이유가 있겠지, 우연히 그런 상황이 된 게지, 이러면서 작품에 시선을 주고 있었다. 잠시 후 한 친구가 우리에게 다가오더니, 지금은 점심 쉬는 시간이라 문을 닫아야 한다고 했다. 그렇지만 전시장을 나갔다가 한 시간쯤 뒤에 문을 열면 다시 들어와서 계속 관람할 수 있다는 이야기였다. 직원들의 점심시간이라 전시관도 문을 닫는다? 겪다 겪다 이제 이런 희한한 경우도 맞는구나, 뭐 그러라면 그래야지. 쫓겨난 건 아닌데 쫓겨난 것 같고, 쫓겨났으면서도 쫓겨나지 않은 기분으로 밖으로 나왔다. 그늘이 든 예쁜 벤치에 자리를 잡고 준비해온 도시락으로 요기를 했다. 어차피 밖은 아름다운 정원이고 여기 또한 르누아르의 체취가 있는 미술관인데, 직원들은 정해진 점심 휴식 시간을 일괄적으로 보낼 수 있고 그 틈에 관람객들도 잠시 쉬어가는 거라면 그도 나쁘지 않겠다 싶었다.

극심한 류머티즘으로 고통스러웠던 노년의 르누아르, 그가 왜 파리를 떠나 여기 지중해 연안으로 멀리 떠나왔는지 그 이

유가 분명해졌다. 류머티즘은 춥고 습한 기후에는 최악이다. 따갑고 건조한 남부 프랑스로 내려온 건 고흐가 내려온 것이나 세잔이 내려온 것과는 또 다른 배경으로, 순전히 르누아르의 노환을 고려한 가족들의 배려였음이 분명했다. 노환으로 고통스러웠겠지만 그래도 다른 여느 화가들보다 유복한 노년이 아니었겠나 생각하며 한 시간 남짓 정원을 거닐었다.

벤치가 있는 자리

브레너 고개 바라보는 작은 연못가

괴테Johann Wolfgang Von Goethe(1749~1832)가 이탈리아로 여행을 떠난 건 30대의 젊은 시절이었다. 괴테는 나지에서 무화과가 익어가는 알프스 남쪽 나라를 만난 모양이었지만 내가 만난 알프스는 전혀 그런 곳이 아니었다. 유학 시절에는 이탈리아를 가보지 못했다. 경제적으로도 그렇고 시간도 없었다. 로마를 노래하던 아내와는 학위를 마치고 가자며 약속했지만, 학위를 마치자 잠시 쉴 틈도 없이 귀국해야 했다. 독일은 입학식도 없고 특정한 날짜에 맞춰 학위수여식 행사를 하는 것도 없이 학위 논문이 통과되는 대로 논문 인쇄본을 제출하는 소정의 절차를 거쳐 개별적으로 학위증을 받는 것으로 모든 과정이 완료된다. 나는 학위증마저 우편으로 받았을 정도로 급히 귀국하느라 로마는 근처도 못 갔다. 교환 교수로 하노버에 다시 갔더니 후배 유학생들 간에 학위를 마치자마자 바로 학교로 가게 된 누군가의 전설 같은 이야기가 전해지고 있었는데, 그게 아마 나였던 것 같다. 배부른 소리 같다만, 로마 여행만 놓고 보자면 내게는 로마에 가 볼 시간도 없이 귀국해야 했던 불행이었다.

괴테는 베츨라의 수습변호사 과정을 마치고 『젊은 베르테르의 슬픔』(1774)을 발표하면서 일약 베스트셀러 작가가 되었다. 그즈음 어릴 때부터 그리던 이탈리아 여행을 떠날 참이었지만

때맞춰 바이마르의 아우구스트 대공으로부터 부름을 받는다. 이탈리아 여행을 잠시 뒤로 미루고 1775년 바이마르로 향했다. 바이마르에서 십 년을 지내고 서른 중반에 이른 괴테는 더 미룰 수 없다고 여기고 1786년 이달리아 여행을 단행한다.

괴테에 비할 건 아니지만 내게도 이탈리아 여행은 쉽지 않았다. 하노버대학에 교환 교수로 가 있던 동안이었다. 아내에게 진 빚 때문에도 이번에는 꼭 이탈리아를 가야 했다. 이탈리아는 멀고도 먼 험한 길, 알프스를 넘어가는 장거리를 당시 내가 쓰던 중고차를 몰고 아이들까지 태우고 가는 건 안 될 일이었다. 고민만 하다가 세월이 다 가겠고 더 미룰 수 없었기에 관광버스를 타고 가기로 했다. 다른 여행자들에게 끼어 정해진 루트를 따라다녀야 하겠지만 최소한 안전할 수는 있지 않겠나.

아침 일찍 하노버에서 출발하였지만 한나절이 다 되도록 독일을 벗어나지 못하고 있었다. 언제 스위스든 오스트리아든 들어서서 또 언제 알프스 준령을 넘어 이탈리아로 들어가나? 남부 독일의 어딘가를 지나는 즈음 잠이 들었다. 언제 어떻게 어느 고개를 넘어갔는지도 모르게 정신없이 잤다. 자다가 깨고 또 자다가 깨고, 비몽사몽간에 스치듯 지나가던 창밖에는 눈발이 휘날리고 있었던 것도 같고 캄캄한 밤이 와 있었던 것도 같고 마구 비가 내리치고 있었던 것도 같았다. 어디서 눈이 왔고 어디서 비가 왔는지 몰라도 차창 밖의 알프스 남쪽은 온통 비바람에 눈보라가 뿌리치는 곳이었다.

아직 9월인데 알프스를 넘는 동안 밤새 추위에 떠느라 버스 안의 풍경은 약간 어수선했다. 알프스를 완전히 넘어선 건 아닌데, 밤새 술도 한잔하며 시끌벅적하던 독일 여행객들도 밤 늦게야 잠이 들었다가 하나씩 눈을 뜨기 시작했다. 그중 어느 아줌마와 눈이 마주친 아내가 상냥하게 아침 인사를 했다.

"Guten Morgen! Wie geht's?"

대충, 잘 잤어요? 어때요? 그런 정도의 아침 인사였는데, 으레 하는 답으로라면 "Gut, Danke schön!(예, 고맙소!)" 라거나 혹은 상태가 전혀 그렇지 못하다 하더라도 대충 그냥 그래요 그러겠지만, 술이 덜 깨기도 했고 잠도 덜 깬 부스스한 얼굴로 대답했다.

"Schlecht!"

'좋지 않아요'보다는 '엉망이오!'쯤 되는 걸쭉한 대답이 돌아왔다. 아무튼 그런 스스럼없는 관계가 된 것도 밤새도록 알프스를 넘어가는 긴 여행길 덕이었을 것이다.

몇 해 전에도 알프스를 넘었다. 그때는 이탈리아에서 오스트리아로 넘어가고 있었다. 파도바를 떠난 기차는 비첸차를 지나 본격적으로 북쪽을 향해 달려갔다. 차창 밖으로 아름다운 경관의 산과 들, 마을이 지나갔다. 객실에 승객이 별로 없어 카메라를 들고 이쪽저쪽 창으로 옮겨 다녔다. 결정적인 한 컷을 위해 분주한 나를 보고 지나가던 승무원이 뭐라고 일러 주는데 곧 왼쪽으로 아름다운 호수가 나온다는 이야기였다. 아, 맞다! 가르다 호수가 있었지. 어제만 해도 북상하는 길에 차창 밖으로 호수를 꼭 봐야겠다고 했던 걸 깜빡 잊고 있었다. 한참을 더 달려서 급하게 휘어지는 구간에 이르렀다. 이내 호수가 있을 법한 완곡 지형이 나오기 시작했고 예상대로 물가를 따라 촘촘히 들어앉은 마을이 어우러진 곳이 나왔다. 왜 괴테가 이 호수와 마을을 두고 찬사를 보냈고 지금까지 독일 사람들이 그리도 이 호수와 주변의 아름다운 경관에 대해 극찬하는지 알 것도 같다.

가르다 호수에서 멀어지면서 비가 뿌렸다 그치기를 반복했다. 좀 전의 아름다운 경관은 사라지고 철로 양쪽으로 계곡은 운무에 갇혀 잘 보이지 않는데, 비가 그친다 해도 괴테가 아쉬워했던 만큼 편하게 지날 곳은 아닐 듯했다. 비안개에 갇힌 서

207
벤치가 있는 자리

늘하고 음산한 계곡은 알프스의 브레너 고갯길 정상의 브레너 역까지 계속되었다. 그래! 괴테를 비롯한 수많은 북유럽 사람들이 입을 모아 아름답다고 한 것은 가르다 호수 저 아래 동네를 두고 한 이야기였을 것이다.

유럽 남북을 가로막고 있는 알프스, 옛날부터 이탈리아를 찾아가던 유럽 사람들은 어떻게든 알프스 주 능선을 넘어야 했다. 현대 기술로 뚫어놓은 도로며 철로는 모두 남북을 오가는 통로 역할을 한다. 동서 방향으로는 바로 이웃한 오스트리아와 스위스도 서로 쉽게 오갈 수 없어, 북쪽으로 독일 평지까지 나갔다가 오스트리아나 스위스로 넘어가거나 남쪽으로 이탈리아 북부로 내려가서 건너다니는 게 훨씬 편하다. 물 흐르듯 이어져야 할 배낭여행이라 해도 스위스와 오스트리아를 넘나드는 여행은 거의 불가능하다.

지중해 연안의 남부 프랑스에서 이탈리아를 찾아갈 때도 사정은 다르지 않다. 지중해 열차는 모나코를 지나 이탈리아 국경으로 들어선다. 남부 프랑스와 이탈리아는 모나코를 감싸고 있는 알프스 서쪽 끝자락에서 국경을 이루고 있고, 온통 터널로 이어지는 그 구간을 지나서야 이탈리아로 들어설 수 있다. 모나코는 그런 여러 터널의 한 구간에 끼어 있다. 전근대 시대라면 사람들이 쉽게 다닐 만한 해안도로는 꿈도 꾸지 못

했을 험한 지형이라 차라리 바다를 통해 배를 타고 다녔을 것 같다. 15-6세기 프랑스 왕들의 이탈리아 원정에서 주로 나폴리 왕국이나 밀라노, 피렌체, 피사 등 서해안을 통해 들어갔던 것도 모두 배를 이용한 원정이었기 때문인 것 같다.

18, 19세기 알프스 북쪽의 유럽에서는 여러 문인 예술가들의 이탈리아 여행이 줄을 이었다. 젊은 괴테의 이탈리아 여행도 그런 일환이었다. 모두 나름대로의 목적과 방향을 모색하며 여행길에 올랐다. 40대 이후 헤세가 살았던 스위스 몬타놀라의 테신 지방은 고트하르트 고개 너머의 알프스 남쪽 루가노 호반 일대이고, 괴테가 넘어온 브레너 고개 아래의 가르다 호수와 호반의 아름다운 마을과 파도바 같은 곳은 모두 알프스 남쪽의 평원에 자리한 고도들이었다. 괴테는 오스트리아 인스브루크를 지나 브레너 고개를 넘어갔다. 브레너 고개를 향해 가던 동안 괴테는 계곡에서 피어오르는 상승 기류 같은 대기 현상을 탐구하다가 브레너역에 도착했다. 여인숙에서 하루를 묵고 동이 트기도 전 새벽에 마부의 독려로 얼떨결에 출발, 쏜살같이 내달리느라 "경치 좋은 지방을 한밤중에 날다시피 지나온" 것을 아쉬워하며 이탈리아 땅으로 들어섰다. 이윽고 닿은 가르다 호수에서는 인근의 포도밭과 배와 복숭아를 품에 안은 볼차노와 트렌토의 아낙네들도 만나면서 "수려한

여행은 사실 고생이지

경관의 가르다 호수, 그리고 처음 만난 올리브나무"의 아름다움에 취해 갔다.

우리는 북부 이틸리아에서 브레너 고개를 지나 알프스 북쪽으로 넘어가는 길이었다. 예전 괴테가 가던 길과는 역순이었지만, 상승 기류를 연구하느라 브레너 고개를 넘기 전 머뭇머뭇하고 있었던 알프스 북쪽 동네가 궁금했기에 브레너의 고갯길 마을에 며칠 묵으며 알프스 품속으로 좀 들어가 보기로 했다. 그래서 가게 된 곳이 브레너 고개 아래 첫 동네, 그리스 암 브레너Gries am Brenner였다.

브레너역은 이탈리아가 끝나고 오스트리아로 넘어가는 브레너 고개에 있는데 지금은 우편 역마차 대신 기차가 선다. 비첸차에서 출발한 기차는 거기서 잠시 정차하여 국경을 넘어가는 절차를 밟는다. 승무원만 오스트리아 팀으로 교체되어 계속 북쪽으로 인스브루크를 거쳐 프랑크푸르트로 달려간다. 국경을 지나면 오스트리아 국경 경찰로부터 다시 여권 검사를 받는다. 국경을 넘나들면서 거쳐야 할 절차가 딱 그 한 가지라니 참 유럽이란 편하긴 한데 또한 알다가도 모를 곳이다.

그리스 암 브레너는 국경 가까이에 위치한 마을이어서 우리가 타고 온 기차는 거기서 정차를 하지 않았다. 브레너역에서 전동차로 환승해야 했다. 브레너역에서 내린 사람은 우리뿐이었다.

브레너역에서 출발한 전동차는 다음 역인 그리스역에 정차했다. 전동차에서 내린 순간 아차 싶었다. 직선거리로는 아무것도 아니었지만 눈 아래로 까마득히 급경사로 내려간 비탈 아래 계곡의 동네였다. 짐은 아내와 나 각자의 배낭에 캐리어 하나로 단출했지만, 문제는 캐리어였다. 평지에서 캐리어는 참 요긴하지만, 경사 길에서는 아주 독이다. 평지라 하더라도 공항이나 호텔처럼 바닥이 반질반질한 역이 아니라 숙소까지 가는 길처럼 대부분 울퉁불퉁한 데다가 경사가 있다 보면 팔목에 무리가 간다. 배낭여행에서는 캐리어 없이 각자 배낭 하나로 끝내는 게 최선인 걸 모르지 않지만, 우리는 불가피하게 캐리어 하나가 필요했기에 숙소를 정할 때 주변 환경을 고려하여 역에서 숙소까지 이동 구간의 상황을 항상 유의해야 했다. 신중하게 검토하여 브레너 고개 아래, 역에서 멀지 않은 곳에 적당히 싼 숙소가 있는 이 동네를 찾아냈지만, 미처 수평거리에 가려진 수직거리를 헤아리지 못했다. 까마득히 저 아래에 있으면서 급하게 경사진 비탈길이 지그재그로 이어져 있었다. 그래도 당장은 내려가는 길인 걸 다행이라 여기기로 했다.

한여름 날 8월인데 호텔 방에는 따스하게 난방이 들어오고 있었다. 내일 아침에는 창문에 성에가 끼어 있을지도 모르겠다. 점퍼를 단단히 챙겨 입고 어둠살이 내린 동네를 걸었다. 동네 저쪽 끝까지 갔다가 다시 이쪽 끝까지 갔다 오는 데 십 분이 채 걸리지 않았다. 어제까지 비가 왔는지 계류에 물이 불어 콸콸대며 폭포처럼 쏟아져 내리고 있었다. 귀가 먹먹해 오고 온몸에 계류의 폭음이 진동으로 전해졌다.

이튿날 아침, 식사를 마치고 산책을 나섰다. 계류를 거슬러 올라가 마주 보이는 산에 올라가 보기로 했다. 점점 가팔라지는 차도를 따라 오르막길을 가는데 머리 위로는 브레너 고개 방향으로 넘어가는 고가 도로가 까마득한 높이로 가로질러 가고 차도 한쪽 옆으로는 어마어마한 수량의 계류가 폭포처럼 쏟아져 내렸다. 아내는 계류 물살의 굉음과 진동을 못 견뎠다. 가던 길을 멈추고 동네까지 되돌아 나와 이번엔 동네 뒤로 산을 타고 올랐다.

산골의 아담한 농가를 하나둘 지나고 나니 민가는 더 나오지 않았다. 마지막 민가를 지나 한참 오르는 동안 조금씩 완만해진 대지에는 초지가 펼쳐졌고 그 한쪽에 작은 웅덩이를 이룬 연못과 그 옆에 놓인 예쁜 벤치가 우리를 반겨주었다. 작은 연못, 꼬마 물푸레나무 한 그루, 그리고 산 아래로 그리스 동네가 보였다. 동네 한쪽으로는 중턱을 따라 길게 철로가 달려

가고 다른 한쪽으로는 브레너를 넘어가는 고가 도로가 휘어가는데 그 너머로 만년설의 삐죽삐죽한 고봉들이 이어졌다. 거기 너머 어디쯤이 브레너 고개이겠거니.

지나다니는 사람 하나 없이 아내를 위해서는 최적화된 장소였다. 아내는 곧장 그리로 다가가 길게 드러누웠다. 어디든 인적이 드문 곳이면 아내는 허리를 펴기 위해 드러눕는다. 보통 벤치가 없는 풀밭에서라도 인적 없는 곳을 찾아 배낭을 베개 삼아 눕는다. 예전에 제주도 올레길에서 폭우를 만나 간이 매점에서 산 오천 원짜리 판초 우비 둘이면 잠시 누워 허리를 펼 자리가 만들어진다. 하나는 입은 채로 다른 하나는 풀밭 바닥에 깔고 그 아래 허리 정도에 천 원짜리 매트를 깐다. 접이 의자는 발목 받치는 받침대로 안성맞춤이다. 주로 시골을 찾아다니다 보니 그렇게 잠시 눕는 게 가능했다. 옛 정원에서도 사람들 발길이 닿지 않는 외곽으로 나가면 곳곳에 벤치가 있어서 남 보기 흉하지 않게 잠시 누워 있을 수 있다. 아내가 누워 있는 동안 나는 벤치 발치에 앉아 준다. 원고를 꺼내 읽고 있으면 한결 좋은 그림이 될 테지만 주로 벤치 주위로 시야를 벗어나지 않는 범위에서 왔다 갔다 하며 풍경 사진을 찍거나 아이들에게 보낼 제 엄마의 편히 쉬는 근황을 찍기도 한다.

그리스 암 브레너에서는 알프스 하늘 아래 아내와 나밖에

벤치가 있는 자리

없으니 옆에서 지키고 서 있을 필요 없이 자유의 몸으로 적막한 알프스 산골의 아름다운 경관과 깨끗한 대기의 햇볕을 맞았다. 아무 생각 없는 시간을 한참 흘려보냈다. 니체가 젊은 시절 요양하면서 산책을 하고 저술했던 곳이라 해서 유명했고 영화 〈클라우즈 오브 실스마리아〉(2014)의 무대여서 더욱 유명해진 실스Sils 호수를 찾아가 하이킹이든 트레킹이든 한다 해서 지금 맞는 이 절대 고요함을 따를 수 있을까. 어디를 목표로 찾아가느냐가 중요한 게 아니다. 가는 길목 어디쯤에서 전혀 의도치 않게 우연히 만나는 소중한 경험들이 우리의 여행을 더 기억하게 한다. 그리스의 브레너 고개가 멀리 보이던 벤치는 아내가 허리를 펴고 잠시 쉬었던 장소 중에 해발 고도가 최고 높은 곳이었다.

여행은 사실 고생이지

가장 행복했던 시절의 헤세

헤르만 헤세는 40대에 들어서 루가노 호수가 내려다보이는 시골 동네 몬타뇰라로 왔다가 거기서 평생을 살았다. 정신과 의사의 권유로 그림도 그리기 시작하였다. 화구통을 메고 접이 의자를 들고 다니다가 좋은 경치가 눈에 띄면 그 자리에 앉아 그림을 그렸다. 그림도 그리다 보면 자연히 사물을 눈여겨보게 되고, 사물을 눈여겨보다 보면 한곳에 몰두하게 된다. 헤세는 그림을 그리면서 복잡한 정신을 치유해 갔던 것 같다. 헤세의 에세이집에 수록된 삽화들이 그렇게 시작되었다. 초기에 그렸던 그림은 몹시 서툴러 보이지만 날이 갈수록 자신의 화풍이 갖추어져 단순하고도 포근한 헤세 특유의 그림이 되어 갔다.

헤세는 일하는 농부들이 눈에 띄는 들판을 바라보았다. 들판 여기저기 연기가 피어올랐다. 모두 밤송이를 모아 태우는 연기라 했다. 양들이 바닥에 떨어진 밤송이를 밟아서 다칠 수 있기에 보이는 족족 태워야 했다. 이탈리아에서는 길에서 밤을 구워서 봉지에 넣어 파는데, 먹어 보면 꼭 우리 밤과 같다. 몬타뇰라에도 밤나무가 많았다.

독일에 처음 갔을 때, 온 동네 길바닥에 반질반질 윤이 나고 탐스러운 굵은 밤알이 떨어져 새카맣게 깔렸는데 아무도

여행은 사실 고생이지

주워가지 않았다. 이 사람들 밤을 먹을 줄 몰라 그러나 싶었다만, 괜히 모르고 먹었다가는 탈이 난다 그랬다. 먹지 못하는 그 밤은 마로니에 열매였다. 독일에서는 마로니에를 '카스타니에'라고 부르고, 우리처럼 먹는 밤은 '먹는 카스타니에'라 한다. 독일에는 먹는 밤나무는 전혀 없고 시장에서도 거의 찾아볼 수 없다. 한번은 프랑크푸르트대학의 웨스트엔드 캠퍼스 Westend Campus에서 탐스러운 밤송이를 달고 있는 밤나무를 본적이 있었다. 잔디밭 한곳에 알로이 알츠하이머 박사가 첫 알츠하이머 환자를 진찰한 일을 기린 기념비가 있고, 그 근처 풀밭 한가운데 사람 키보다 약간 클 정도의 어린나무가 하나 유난히 눈에 띄었다. 거의 묘목 수준의 쬐꼬만 나무였지만 제법 주먹만 한 밤송이가 여럿 달려 있었다. 그 앞쪽 잔디밭 경계석 한마디를 흰 대리석으로 하고 "먹는 밤나무, 무슨 일의 몇 주년을 기념하여"라고 기념 식수한 일을 새겨 놓았다. 독일에서 처음 본 밤나무였다.

몬타뇰라의 헤세도 "밤을 몇 개 주워서 구워 먹으면 맛이 좋다"고 종종 밤을 먹었다. 독일 사람들이 밤을 못 먹는 건 밤을 먹어 보지 못해서였고, 밤을 먹어 보지 못한 것은 먹는 밤이 없기 때문이었다. 몬타뇰라는 알프스 남쪽, 이탈리아 국경에 바짝 다가가 있는 이탈리아어를 쓰는 동네다. 기후 풍토로

나 문화적으로나 이탈리아와 다름없다. 자신을 아는 사람 하나 없는 곳으로 도피하듯 들어간 몬타놀라에서 헤세는 그림을 그리고 작품을 다시 쓰기 시작했다. 10년쯤 되던 해에 재혼했고 친구가 내준 땅에 집을 지어 이사했다. 새로 지은 집 '카사 로사'를 사람들은 '카사 헤세'라고 부른다. 카사 로사에서 새 삶을 시작하면서 헤세는 오랜 방황을 끝내고 정신적으로나 육체적으로 안정을 찾았다.

카사 로사 출입문 맞은편에는 약간 경사진 기슭에 공원이 마련되어 있고 공원 잔디밭에는 벤치가 여럿 놓여 있다. 벤치에 앉으면 멀리 루가노 호수까지의 일대 경관이 한눈에 들어온다. 나무 그늘이 드리운 벤치에 앉으면 정오의 따가운 햇볕을 피하기 안성맞춤이고 여행자들의 발길도 닿지 않아 온 세상이 조용하다. 수관이 넓게 펼쳐져 있는 나무들이 모두 '먹는 밤나무'였다. 헤세가 밤톨 몇 개 주워 구워 먹었던 그 밤나무거나 그들의 후계목일지 모르겠다.

헤세는 결혼을 하여 집을 얻어 아이를 낳고 살던 곳, 그의 방랑벽이 도지기 전 가이엔호펜의 농가에서 살던 때를 '평생 가장 행복했던 시절'로 기억했다.

가이엔호펜은 독일 남부의 보덴 호수 호반에 자리한 작은 마을이다. 마침 취리히에 있었다. 가이엔호펜은 취리히에서 멀지 않아 당일로 다녀올 만했다. 아무리 국경이 무의미한 유럽 국가 간이라 해도 그래도 국경은 국경이고, 거리로는 얼마 되지 않지만, 배를 타고 보덴 호수를 건너가야 해서 교통편이 매끄럽지 못했다. 선착장이 있는 동네 슈텍보른까지는 버스로 별 탈 없이 잘 왔다. 보덴 호수의 독일과 스위스를 지그재그로 오가는 정기 여객선이 있었다. 슈텍보른의 선착장을 기준으로 보자면 왼쪽 대각선 방향으로 호수 건너편의 독일 마을 헴멘호펜에서 이곳으로 왔다가 다시 호수 건너편 오른쪽 대각선 방향의 가이엔호펜으로 가거나, 가이엔호펜에서 이리로 왔다가 왼쪽 대각선 방향으로 건너편 헴멘호펜으로 운행하는 식이었다.

가이엔호펜으로 가는 배는 두 시간 뒤에야 있었다. 나루터 주변 식당도 찻집도 모두 문을 닫고 쉬는 날이어서 어디 들어가 기다릴 곳도 없었다. 한 시간 정도 뒤에 가이엔호펜에서 오는 배가 있긴 한데 그걸로 호수 건너 헴멘호펜으로 갈 수는 있지만 가이엔호펜으로 가려면 다시 버스를 타고 가야 했다. 버스가 자주 있을지도 모르고 마을 하나 정도 거리라면 걸어서 갈만 할 것 같은데, 무료하게 여기서 몇 시간을 죽치며 기운을 빼는 것보다는 차라리 그게 낫지 않을까 싶어 그걸 타고 건너기로 했다.

집에서도 우리 여행은 늘 그런 식이었다. 주말을 이용한 2박 정도 여행에서 시골의 군내 버스 같은 대중교통 수단을 이용하다 보니 기다리는 데 적응이 되었다. 일단 기다린다. 무료하면 다음 정류장까지 걷는다. 독일에서는 어디나 걷기에 쾌적한 시골길이 있기에 그게 가능했다. 독일의 지역 계획상 마을과 마을 사이는 3~4km 정도라 마을과 마을 간 거리는 걸어서 한 시간 정도가 보통이다. 헴멘호펜과 가이엔호펜 간의 거리나 길 사정도 거의 그렇지 않겠나 싶었다.

그럭저럭 한 시간 정도 지나 배 한 척이 가이엔호펜에 닿았다가 이내 이쪽으로 오고 있었다. 그 배를 타고 헴멘호펜으로 갔다. 십여 분 뱃길, 겨우 호수 하나를 건넜을 뿐인데 스위스와 독일은 꽤 달랐다. 자연경관과 기후가 크게 달라질 것도 아니고 아마 두 나라의 경제적 여건과 생활방식에서 오는 차이일 것이다. 가이엔호펜 방향으로 곧게 뻗은 차도 옆 자전거도로 겸 보행로를 따라 걷기 시작했다. 이런 것도 즐거운 하이킹이라 여기면 충분히 감내할 만하다. 종종 지나다니는 차들이 꽤 빠른 속도로 내달리고 있었다. 보행로가 안전 녹지대를 사이에 두고 있으니 망정이지 그냥 차로를 따라 걷기라도 했다면 많이 신경 쓰일 뻔했다. 가이엔호펜으로 가는 길엔 숲이 있

223
벤치가 있는 자리

고 풀밭에는 야생초 꽃이 지천이고 무엇보다 공기가 깨끗해서 우리의 여행 취향에 잘 어울렸다.

가이엔호펜에 들어서서도 동네는 번잡하지 않고 조용하고 깨끗했다. 헤세가 살던 때도 그랬던지, 헤세는 이곳을 "아주 작고 아름다운 마을, 기차도 없고 상점도 없고 공장도 없이, 정적과 맑은 공기와 물이 있고 탐스러운 가축과 신선한 과일, 씩씩한 사람들이 있는 곳"이라 했다. 깨끗하게 새로 조성된 시청이 아담하고, 시청 앞에는 주차장 겸 녹지가 넓게 펼쳐진 쉼터가 만들어져 있었다. 시청 맞은편으로 한눈에 옛 동네 중심으로 보이는 곳이 빤히 보였다. 동네로 들어가는 어귀에 작은 마을교회 카펠레가 서 있고 그 앞에는 좁고 길게 만들어진 돌을 깎아 만든 수조가 놓여 있었다. 어디서 본 듯 낯설지 않다고 했는데 갓 돌이 지났을 즈음의 헤세의 큰아들 브루노가 발가벗고 물놀이하며 노는 사진에서 본 그 수조가 분명했다. 카펠레와 마주하여 깨끗하게 단장된 전통 목조 형식의 농가가 하나 있고 그 앞에는 헤세의 전신상을 프린트해서 세워 놓은 입간판 형식의 안내판이 있었다.

헤세는 이 집에서 1904년부터 1907년까지 3년간 살았다. 헤세하우스에 바로 이웃해 약간 경사져 내려간 곳에 소공원이 있고 공원에 면하여 이층짜리 아담한 건물이 있는데 거기에

벤치가 있는 자리

자그맣게 헤세 박물관이 들어서 있었다. 마침 그날은 헤세하우스도 헤세 박물관도 휴관이었다. 그래도 상관없었다. 어디 우리가 간 곳에서 휴일이 아닌 곳이 있었나. 오베르의 고흐 박물관도 그랬고 라이프치히의 슈만과 클라라 자료관을 찾아갔을 때도 그랬다. 심지어 파리 근교 뫼동의 로댕 미술관은 무려 일주일에 이틀인가 사흘 연속으로 정기휴관일이라 모처럼 2박 3일의 넉넉한 일정을 잡고 갔다가도 헛걸음치지 않았나. 이미 휴관과 마주하는 데 이력이 나기도 했고 헤세의 집이든 박물관이든 그날 여행의 목표였지 꼭 거길 들어가서 돌아봐야 하는 것은 아니어서 별 상관없었다. 어떻게든 여기에 왔으니 그걸로 그날의 목표는 달성했다.

박물관 앞뜰에는 커다란 카스타니에 한 그루가 그늘을 주고 있었다. 나무 아래 벤치에 걸터앉아 뜰을 내다보며 멀리 마을교회에서 들어오는 길목을 바라보고 따뜻한 햇볕만 가득한 마당을 들여다보며, 아무것도 하지 않아도 되는 조용한 시간을 가졌다. 무료하게 흘러가던 시간 가운데 헤세의 이야기가 하나씩 떠올랐다. 여기서 지낸 헤세의 화목했던 시절 셋째 아들이 태어나던 시기 아내와 사이가 벌어지고 가정 파탄이 났다. 아내는 심한 우울증을 앓았고 헤세는 방랑벽이 생긴데다 극심한 스트레스에 시달렸다. 가이엔호펜을 떠나 베른으로 갔다가 다시 알프스 고개 너머의 몬타뇰라로 넘어가던 때까지, 몇 해 동안은 헤세에게 생애 최악의 상황이었다. 참 이상도 하지, 즐거웠던 시절의 헤세가 살던 동네에서 그 후 가장 어려워진 시절의 헤세를 떠올리다니.

헤세는 1904년 바젤에서 아홉 살 연상 피아니스트 마리아를 만나 결혼했다. 가이엔호펜에 집을 얻어 신혼살림을 시작했다. 그해 처녀작 『페터 카멘친트』(1904)를 발표하고 이듬해 큰아들 브루노를 낳았다. 곧 『수레바퀴 아래서』(1906)도 발표했고 1907년에는 장인의 도움으로 땅을 마련하고 집을 지어 이사했다. 그리고 둘째 하이너(1909)를 낳았다. 행복한 시절이었다. 그 시절 30대의 헤세는 정원 일에 몰두했다. 「잃어버린 주머니칼」(1924)에서 회고했던 것처럼 '내 집을 짓고 내 정원을 만들겠다고 마음을 먹고 잠깐씩 여행 때 외에는 날마다 정원에서 시간을 보냈던' 때의 이야기다. 헤세의 즐거운 시절은 셋째 아들 마르틴(1911)이 태어난 즈음 부인과 불화가 생기고 금이 가기 시작했다. 헤세는 인도를 거쳐 오랜 세월 집을 떠나 여행을 하며 마음을 정리하려 했으나 아내와의 불화는 해결되지 않았다. 1912년 베른으로 이사를 했고 제1차 세계대전이 발발했다. 전쟁이 끝났을 때 헤세는 집도 정원도 없었고 가족과도 헤어져야 했다. 아내는 병원에 들어갔고 아이들은 주변 사람들에게 맡겨졌다. 아무 희망도 의욕도 없는 그런 절체절명의 심경으로 1919년 헤세는 도피하듯 알프스 너머 남쪽 기슭의 몬타뇰라를 찾아갔다.

카스타니에 나무 그늘에 앉아 몬타뇰라에서 만난 헤세의 발자취를 떠올리는 동안 시간이 한참 지났다. 여전히 헤세 박물관 마당은 한적했다. 여길 찾아오는 사람도 없이 우리끼리 시간을 보내기에 좋은 적당한 광장도 있고 나무 그늘에 벤치도 있어서 한참을 앉아 있기에도 좋았다. 학교를 마치고 돌아오던 아이들 네댓이 보였다. 교회 앞의 커다란 수조 부근에 가방과 자전거를 내팽개쳐 놓고는 물장난을 치기 시작했다. 아이들이 노는 것도 독일식인지 참 조용했다. 한참을 잘 놀더니 한순간 딱 멈추었다. 벗어놓은 옷을 껴입고 가방을 메더니 둘셋씩 짝을 지어 걷거나 자전거를 끌고 각자 흩어졌다. 독일 아이들의 하교 모습을 물끄러미 보면서 이런 게 진정 목가적 풍경인가 싶은 늦은 오후를 보내고 있었다.

도라의 수선화 피는 언덕

그래스미어 교회 울타리를 끼고 정문 한쪽에 자리 잡은 작은 구멍가게에서 나는 진저브레드 굽는 냄새, 빵 굽는 냄새에 과자 굽는 냄새가 섞인 묘한 향을 내며 온 동네를 휘감고 있었다. 가게 앞에는 사람들이 줄을 섰다. 이미 몇 봉지씩 사든 사람들은 오래 줄을 서서 그 어려운 일을 해냈다는 성취감에 표정들이 하나같이 그리 밝을 수 없었다. 저렇게까지 하는 걸 보면 그 진저브레드란 게 꽤 이름이 난 모양이었다. 우리도 그 무리에 섞여 작은 것으로 한 봉지 사들었다. 계피 맛에 생강 맛이 섞였는데 흔한 맛이 아닌 건 분명하지만 그것 때문에 저리 줄을 서서까지 그래야 하는 건지 이해가 가는 정도는 아니었다. 할머니 한 분이 직접 구워내는 거라는데 그분이 오랜 전통 방식을 가진 유명 장인이라 치고, 거기에 영국 사람들의 전통적인 맛이 곁들여졌다면 그럴 수도 있긴 하겠다만 아무튼 역사를 품은 향수 같은 것이려니 했다. 진저브레드의 장사진에 워즈워스 묘를 찾아온 사람들로 그래스미어의 교회 앞은 북적거렸다. 워즈워스(1770~1850)의 묘는 교회 묘지 한쪽 워즈워스 성을 가진 여러 묘비와 함께 있었다. 다른 묘비들에 비해 시인의 묘비는 작고 평범했다. 묘지 일대에는 수선화가 지천이었다. 철이 아니어서 꽃은 없었지만, 초봄 수선화가 꽃을 피울 때쯤이면 장관이겠다. 표지판에도 산책로 바닥의 작은 정방형의 포장석에도 온통 수선화 무늬나 명문이 들어 있는데 모두 워즈워스의 시 「수선화」 때문인 것 같지만 과유불급이다. 과하면 귀한 걸 잃거나 잊는다.

워즈워스가 「수선화」를 쓴 것은 30대 초반이었다. 그래스미어 북쪽의 울스워터 호숫가를 거닐다가 물 가까이에 핀 한 무리의 수선화 군락을 보았다. 수선화는 습한 곳을 좋아하고 추운 곳에서도 잘 자란다. 물가에 흐드러지게 피어난 수선화가 장관을 이루었을 테고, 북부 잉글랜드의 차가운 기후에 바람까지 세찬데 바람에 흩날리는 수선화의 가냘픈 꽃줄기가 시인의 마음을 흔들었다면 거기서 한 편의 시가 나올 건 당연했겠다.

몇 해 전, 큰아이가 잉글랜드와 스코틀랜드를 여행하고 오면서 자수를 놓은 자그마한 벽걸이 기념품을 하나 사다 줬다. 큰아이는 저 혼자 여행을 다녀올 때마다 자그마한 기념품 같은 선물을 사 왔다. 에펠탑 기념품을 사 온다면 색깔을 달리하여 새끼손가락만 한 거로 세 개 한 세트, 이런 식으로 식구들 수에 맞춰 묶음으로 사 온 거니 각자 선물을 받은 걸로 하고 그걸 다시 모아 거실장에 한 줄로 죽 널어놓는다. 그런데 벽걸이는 여러 개의 묶음 중의 하나가 아니라 별도의 하나였으니 내게 준

벤치가 있는 자리

개별 선물이라 치고, 그래서 내 방문에 걸어놓고 들고 나며 쳐다보곤 하는데 거기에 들어 있던 시도 「수선화」였다. 스코틀랜드로 올라가던 중 그래스미어에 잠깐 들렀다 간 모양이다.

골짜기와 언덕 위를 높이 떠도는 구름처럼

외로이 헤매다가

문득 나는 보았다.

수없는

황금빛 수선화가

호숫가 나무 아래에서

미풍에 한들한들 춤추는 것을.

— 윌리엄 워즈워스, 「수선화」

묘지를 찾아온 사람들에게 워즈워스의 시를 환기해 주느라 여기저기 수선화밭을 일구어 놓았을 거라고 짐작은 가지만 시 한 수로 수선화 일색을 만들어 놓은 거라면 이건 분명 지나치다.

젊은 시절 워즈워스는 호수 지방의 영국 그래스미어로 들어왔다. 그가 살았던 도브 코티지는 그래스미어 시내에서 동네 마실 가듯 다녀올 수 있는 거리였다. 집 뒤 산기슭 정원 가득히 정원수와 꽃이 만발했다. 40대에 들어 생활이 안정되면서 라이달 호숫가 언덕 위의 라이달 마운트로 이사를 했다. 라이달 마운트에는 워터 호수까지 이어진 비탈의 숲과 도브 코티지와는 비교가 안 될 넓은 대지에 정원이 제대로 갖춰져 있었다.

도브 코티지를 거쳐 라이달 마운트까지 한달음에 다녀올 작정이었다. 버스로 5분 아니면 10분 정도? 금방 닿을 수 있을 거리지만 도브 코티지에서 라이달 마운트까지 하이킹하기 좋은 산길이 이어져 있어서 따라 걸어서 가기로 했다. 예상보다는 오르내리는 굴곡이 크고 깊은 산길이 이어졌다. 그래스미어 호수에 길게 연이어진 호수 라이달 워터가 오른쪽으로 산길 아래 숲 사이로 따라오면서 보였다가 말았다가 하는데, 호수 건너편으로도 호수를 따라 수변 산책로가 이어진 게 보였다. 돌아가는 길에는 편해 보이는 그리로 가야겠다.

아침 일찍 길을 나섰지만 그래스미어로 돌아올 때는 날이 저물었다. 종일 비가 올 듯 말 듯 하더니 해 질 무렵 맑게 개었다. 바위산 중턱 연푸른빛 초지 위로 새하얀 구름이 걸렸다. 연둣빛 사면에 걸린 구름 그림자가 청명한 대기의 쪽빛 하늘만큼이나 선명했다. 그날 하루, 그래스미어와 라이달 워터의 산 중턱 둘레 길과 호수길, 해 질 녘 바위산 기슭에 내려앉은 산 그림자와 마지막 햇살이 점을 찍고 흘러가는 장대한 산악의 광경을 만난 것도 잊을 수가 없다. 어느 평론가가 이야기하길 젊어서 워즈워스는 시인이었을지언정 훗날 계관 시인이 되고부터는 위대한 시인으로서 자질을 잃었다고 했는데, 시인으로서 시를 더 쓰지 않았다면 그런 평을 받아 마땅할지 모른다만 정말 그런 것일까? 노년에 들어서 워즈워스는 호수 지방을 겹겹이 둘러싼 원시의 자연과 원시의 산악 그리고 일상과 자연을 노래했다. 젊어서 쓴 시와는 다른 형식으로 이야기하고 있었을 뿐.

여행은 사실 고생이지

"초원의 빛이여, 꽃의 영광이여……."

수없는 봉우리의 정상 가까이 사람의 손길이 덜 닿은 원시의 작은 호수와 거친 산악미의 자연 경관, 눈보라 몰아치던 비바람이 잠시 그치며 살짝 벗겨진 짙은 구름 사이로 쫘 하며 내리쬐는 몇 줄기의 햇살, 넓은 풀밭 위에 빛다발을 쏟아내는 고산의 초지를 걷는다. 짙은 구름 틈새로 쏟아지던 햇살은 순식간에 사라진다. 한여름인데도 세찬 바람에 몸을 가눌 수가 없고 몹시 춥다.

아내와 생이별할 뻔했던 아찔했던 일이 있었다. 윈더미어에서였다. 아침부터 오락가락하던 비가 숙소를 나서려는 즈음엔 햇살이 나며 맑게 갰다. 계속 날이 좋아질 것도 같았지만 바람 불고 추울지도 몰라 바람막이용으로 배낭에 우장을 단단히 챙겨 넣었다. 목적지는 스쿨노트, 윈더미어 숙소 뒤쪽의 산악이 펼쳐진 일대의 가장 놓은 봉우리, 스쿨노트를 돌아오는 트레일 코스로 향했다.

관광객 복닥거리는 시내를 거쳐갈 필요도 없이 숙소를 나서서 곧바로 나오는 작은 골목길로 들어섰다. 곧장 산 위로 향하는 외길이 나왔다. 마지막 집 담장을 벗어나자 양쪽으로 철망이 쳐진 울타리 사이로 완만하게 오르막길이 이어졌다. 옆으로 빠지는 갈림길이 나올 때까지 곧장 따라가면 될 것 같지만 이런 야산의 풀밭 길에선 거의 예측도 못 하도록 울타리 쪽 문을 열고 들어가야 하는 갈림길이 나오기도 한다. 이정표도 없이 사람들의 발길에 닳아 없어진 희미한 흔적을 따라 들어야 할 때도 있어서 트레일 마킹 하나라도 놓치면 낭패를 볼 수 있다. 집중한다고 했는데도 뭔가를 놓친 건지 우리 앞에 펼쳐지는 광경이 조금 이상해졌다. 지나온 길을 다시 돌아가며 몇 차례 왔다 갔다 한 끝에 왼쪽으로 갈라져 드는 지점을 찾을 수 있었다. 완만한 능선에 초지만 가득히 펼쳐져 있는 이런 곳에서는 한 번 길을 잘못 들면 전혀 엉뚱한 곳으로 가게 된다. 일단 길을 제대로 잡아들면 한참 동안은 사람들이 밟아서 생긴 희미한 자국을 따라 계속 가도 큰 걱정 없이 목적지에 닿을 수 있다는 이야기가 되기도 한다. 그러다가 봉우리라고 일컫기에도 민망해 보이는 작은 정상부 근처에 이르러 크게 한 번 휘돌아서 가거나 혹은 곧장 나아가거나, 어떻게든 두 갈래 길이나 세 갈래 길 중 나아가야 할 방향을 잡아야 할 때가 되면 다시 한번 세심하게 잘 판단해야 한다. 스쿨노트는 그런 여러 봉우리 중에 가장 높은 곳이면서 윈더미어 호수와 그 너머의 끝없이 펼쳐지는 파노라마 장관을 바라볼 수 있는 조망점으로 지목되어 있는 곳이었다.

샛길로 들어서서 목장 울타리 문을 열고 목초지를 따라가는 트레일 들목으로 들어섰다. 한참 동안 완만한 경사면을 따라갔다. 아직 물이 빠지지 않아 축축한 곳도 있었지만, 능선 자락을 타고 가는 길은 대체로 마른 편이었다. 걷기 편해서 트레킹하는 사람들이 주로 오가는 길목인 듯 소들도 사람들을 피해 그 언저리로는 별로 오지 않아 풀밭에는 소들의 분비물도 없이 깨끗했다. 오락가락하던 비도 그쳤다. 새파란 하늘에 따스한 햇볕이 비치고 간간이 상쾌한 바람이 불지만 대체로 포근했다. 계류지 같아 보이는 작은 호수에는 물이 가득 담겼다. 어떤 호수는 'Lake', 어떤 호수는 'Water' 그리고 또 어떨 때는 'Tarn'이라 부르는데, 내 짐작이 맞는다면 산정 가까이에 자연적으로 형성된 작은 호수를 'Tarn'이라고 하는 것 같다.

스쿨노트를 찾아가던 길에도 'Tarn'이란 이름을 가진 작은 호수가 있었다. 호수 한쪽 곁으로 완만하게 기슭을 이룬 작은 봉우리의 오른쪽 기슭을 타고 돌아가자 이제까지 잘 오던 길과 날씨가 갑자기 변했다. 비안개가 몰려와 우리 둘레를 휘감는가 싶더니 어느새 비를 뿌렸다. 바람도 세차고 눈을 뜨기 힘들 정도로 세찬 빗줄기가 바람에 날려 전신에 뿌려대는데, 이런 정도의 궂은 날씨에는 이제 이력이 났다는 듯이 아무렇지도 않게 우장을 꺼내어 덮어썼다. 그런 상황에서도 사진 찍는다고 지체하고 있는 나보다 한걸음 앞서서 호수 옆 오솔길을 따라 꾸준하게 걷고 있는 아내의 뒷모습이 참 씩씩해 보였다. 군사 훈련 중 며칠을 완전 군장 행군하던 때가 떠오르기도 했고, 내가 잘 따라오나 간간이 뒤돌아보는 모습까지 완전히 영화 〈라이언 일병 구하기〉에서 적진 깊숙이 허허벌판의 초지를 걷고 걷던 수색중대원 같아 보였지만 실은 그게 아니었다. 보물 감싸듯 한쪽 팔에 접이의자를 껴안고 바람에 흩날리는 우장을 함께 움켜쥐고 있는 팔목에는 잔뜩 힘이 들어갔는데, 우장 안에서 온몸은 비바람을 견디느라 용을 쓰고 있었다.

　스쿨노트를 간 건 이런 식으로 행군을 하자던 게 아니었다. 관광객에 치어 복잡한 저 아래 윈더미어에서의 실망을 보상받는 셈으로 멀리서나마 윈더미어 호수 일대의 장관을 봤으면 했지만 그런 기대는 조금 전부터 산산이 깨졌다. 그냥 서 있기만 해도 몸이 휘날려갈 듯이 때리는 비바람에 온몸을 내놓아 버린 지경이 되었다. 짐작에 그럭저럭 스쿨노트 봉우리가 눈앞에 보이는 지점에 온 것 같았다. 우리나라의 산처럼 아무리 이름 없는 산이어도 그래도 명색이 최고봉이라면 정상에 가까울수록 급한 경사를 이루어 마지막 고비에 숨을 헐떡이며 거의 기다시피 그래야 하는 것이 아닌가 싶지만 스쿨노트는 지금까지 지나오면서 숱하게 지나쳐 온 무더기들처럼 밋밋하게

여행은 사실 고생이지

비탈진 위에 완만하게 더해진 흙무더기처럼 보일 뿐이었다. 교목 한 그루 서 있지 않은 잡초 우거진 횅한 민둥산이어서 금세 오를 수 있을 것 같아 솔직히 만만히 보았다. 굳이 거기까지는 가고 싶지 않다며 아내는 그냥 지나가자 그랬다. 고지가 바로 코앞인데, 내 금방 저기 정상에 가서 어떤지만 보고 올 테니 절대로 움직이지 말고 여기서 기다리라고 해 놓고 정말로 잠깐 휙 갔다가 오리라는 기분으로 당당히 올랐다.

워낙 주변에 지형지물이 없이 마른 풀밭만 있는 민둥산이다 보니 거리나 높이가 제대로 가늠이 안 되어서 그렇지 그리 만만한 게 아니었다. 컴퍼스로 뺑 돌려놓은 듯 봉긋하게 쌓아 놓은 흙무더기처럼 사방이 똑같은 모습의 완만한 대지가 나를 빙 둘러 있었다. 〈언덕에 올라갔다가 산에서 내려온 영국인〉(1995), 그냥 간단히 〈잉글리시 맨〉이라고 줄여서 부르기도 하는 제목이 길고도 희한했던 영국 영화가 있었다. 해발 고도 1,000피트 이상만 산이란 이름으로 붙일 수 있지만 16피트인가가 모자라서 산으로 불릴 수 없게 된 어느 마을의 언덕에 관한 이야기다. 마을 사람들이 힘을 합쳐 흙을 실어 나르고 흙을 돋우어 1,002피트에 이르게 해서 기어코 산이 되게 했다는 그 발상이 참 재미나는데, 이 영화가 보여준 편평한 모습의 정상처럼 스쿨노트가 꼭 그랬다.

비는 그쳤지만 비안개가 꽉 들어찼다. 가시거리는 십 미터도 안 되고 바람에 날리는 히스 덤불의 황량함이 가득 널려 있었다. 이 황량함을 잠시 더 맛보고 싶었지만 저 아래에서 기다릴 아내를 생각하면 더 이상 지체해서는 안 되었다. 올라올 때 눈여겨봐 놓은 곳으로 방향을 잡고 급히 내려갔다. 그런데 있어야 할 곳에 아내가 보이지 않았다. 움직이지 말고 그 자리에 그대로 있으라고 그렇게 일렀는데 도대체 어딜 간 거야! 혼자 중얼거리며 길이라고 여겨지는 쪽으로 한참을 갔으나 여전히 아내는 보이지 않았다. 이젠 길 같은 흔적조차 없어졌다. 무성하게 자랐다가 마른 채 구덩이를 가득 채우고 있던 풀숲을 잘못 디뎌 구덩이에 빠질 지경으로 거의 조난을 당한 처지가 되어 버렸다. 이건 완전 내 잘못이었다. 사방이 거의 똑같아 절대로 헷갈려서는 안 된다는 생각에 내가 올라온 방향의 미세한 지형지물까지 똑바로 기억해 놓는 치밀함을 잊지 않았고 분명히 그 방향을 잡고 왔음에도 불구하고 시작 지점에서 미세하게 빗나간 통에, 아내가 기다리는 지점을 벗어나 한참을 더 내려와 버린 게 분명했다. 비에 젖어 한껏 미끄러운 비탈면을 풀을 움켜잡고 기어오르며 난리를 피웠다. 평소 내지르는 내 목소리는 작지 않은 편이다. 소리로라도 불러내야겠다고 목청껏 불렀으나 바람 소리에 빨려 들어 내가 내지른 소리는

벤치가 있는 자리

나 자신도 들을 수 없을 정도의 모깃소리가 되고 말았다.

얼마나 시간이 흘렀는지도 모르겠다. 어떻게 찾아냈는지 모르게 기적같이 비안개 속 저 멀리 아내가 눈에 들어왔다. 그 자리에서 단 한 발자국도 움직이지 않고 있었다. 안도하는 마음, 미안한 마음. 아내에게 어떤 말을 했는지 기억도 안 난다. 겨우 정신을 가다듬고 얼른 시내로 내려가서 늦은 점심이나 먹자고 했다. 길이 미끄러워 조심해야 한다며 손을 꼭 잡았다. 대략 그런 정도로 크게 별일 아니었다는 듯이 그러고 말았지만 정말 큰일 날 뻔했었다. 산에서는 절대로 잠시 기다리라거나 얼른 갔다 올 거라고 해서는 안 된다는 걸 깨달았다. 잠시 난리를 친 걸로 됐다 싶었는지 비는 그쳤고 잠깐씩 구름 사이로 햇살이 나왔다. 동네에 내려왔을 때는 언제 그랬느냐는 듯이 맑은 날이 되었다.

호수 지방의 호수 둘레길들을 두루 다녔다. 관광객이나 여가를 보내려 찾아온 여행자들이 모여 있는 곳도 매력이 있지만, 호반 산책길이나 호수 주변의 산을 타고 올라 고지대의 초지를 다니다 만나는 산악 지대 경관은 우리 취향에 잘 맞았다. 완전히 원시 자연이 펼쳐진 목장 초지를 쏘다니며 멀리 호수 너머로 장대하게 흘러가는 파노라마를 즐기기도 했고 숲길을 한참 걸어 들어 여기 어디에 동네가 있으려나 싶은 곳에서 느닷없이 오래된 산골 마을을 만난다거나 전혀 뜻하지 않게 숲 속에 숨어 있는 유스호스텔을 만나기도 했다. 그런 곳 테라스에 앉아 커피 한잔을 하며 잠시 시간을 보낸 것들도 두고두고 기억날 일이었다.

버스를 타고 왔다면 못 느꼈겠지만, 산길을 뚫고 지나 가닿은 라이달 마운트는 산장 같았다. 라이달 마운트의 비탈진 숲이 비스듬히 비껴 보이는 자리에 나무 벤치가 하나 놓여 있었다. 왼쪽으로 숲 아래에는 수선화밭이 널렸고 발아래로는 완만하게 라이달 워터까지 이어져 내린 비탈이 눈에 들어왔다. 햇살이 숨어버렸지만, 숲 사이로 잔잔하게 수면이 일렁였다.

은하수 별처럼 물가 따라 끝없이 피어난 수선화
머리를 살랑대며 흥겹게 춤추는 것
수선화 꽃물결, 그 반짝이는 물결조차
수선화의 기쁨을 따를 수 없네.
이토록 흥겨운 친구와 어울려 어찌 시인이 즐겁지 않으랴.
— 윌리엄 워즈워스, 「수선화」

워즈워스가 「수선화」 시를 쓴 건 도브 코티지에 살던 30대중반, 결혼을 한 지 몇 해 되지 않은 때였다. 차례로 아이들을 여럿 잃었고 딸 도라만 남았다. 30년이 지나 라이달 마운트 넓은 대지의 저택에 살던 때, 아이들을 가르치며 교회에서 필요한 일을 열심히 하던 딸 도라마저 잃는다. 도라(1807~47)를 잃고 상심한 워즈워스는 도라를 위해 수백 포기 수선화를 심었다. 벤치에서 보이는 비탈 숲 속이 그 수선화밭이었다.

이따금 긴 의자에 누워 사색에 잠겼을 때
수선화는 고독과 축복인 내 마음의 눈에 반짝인다.
그럴 때면 내 마음은 기쁨에 넘쳐 수선화와 함께 춤을 춘다.
— 윌리엄 워즈워스, 「수선화」

벤치가 있는 자리

여전히 여행 중

원고를 마무리하고 곧바로 여행을 떠났다. 이번에는 '알프스'였다. 우리는 운동으로 다져진 몸도 아니고 타고난 건강 체질도 아니다. 각자나 합쳐서나 우리 나이대 부부의 전국 평균을 한참 밑도는 체력으로, 힘들면 쉬어가고 힘에 부치면 되돌아오는 조금 허술해 보이는 여행자일 뿐이다. 그간 여행에서 만날 수 있는 예상되는 종류의 고생은 어지간히 겪은 것 같아 이번 여행을 떠날 때만 해도 이제 새로운 고생을 만날 일은 더 없으리라 싶었지만 전혀 예상치 못한 새로운 복병이 있었다. 해발 1800미터의 스위스 실스 호반의 실스마리아에서 며칠을 보내고 이탈리아로 넘어가는데, 다음 목적지까지 교통이 너무 불편했다. 한 번 정도 중간 기착이 필요해 코모 호수의 작은 도시 바레나에서 하루를 묵었다. 이튿날 아침 떠날 준비를 하며 짐을 들다가 허리를 삐걱했다. 참기 어려운 통증이 허리를 휘감았다. 침대에 누워 잠시 쉬었지만 별 차도가 없었다. 걸음을 옮기거나 조금 힘을 주거나 해도 오른쪽 허리와 엉덩이 위쪽에 통증이 왔다. 힘들게 기차역까지 갔으나 그날따라 철도 파업으로 바레나를 지나가는 모든 기차가 전면 운행이 중단되었다. 대체 교통수단으로 버스도 없는 이 오지에서 어떻게든 밀라노역까지는 갔는데, 거기서 다음 행선지 크레모나까지 어떻게 갔는지도 모르게 여러 가지로 고생스러웠다.

파스를 사서 붙이고 소염제도 먹으면서 조심한 덕에 크레모나에서 며칠을 보내는 동안 여전히 묵직하게 근육을 짓누르는 것 같던 느낌은 남았지만, 통증은 거의 사라졌다. 크레모나를 거쳐 그럭저럭 알프스 산록 깊숙이 가르다 호수의 말체시네까지 갔다. 정오 무렵부터 다시 이번에는 반대쪽으로 척추 가까운 부위에 신호가 왔다. 걸을 때마다 찌릿찌릿하고 숨이 턱 막히는 게 보통의 근육통과는 달랐다. 뼈에 이상이 생긴 건가, 예전에 다쳤던 허리뼈에 금이 갔거나 무슨 이상이 생긴 건 아닌지 모르겠다. 만약 그런 거라면 그냥 참고 있어서 될 일이 아니다. 복대 같은 걸 해서라도 자극이나 움직임을 최소화해야 할 것 같았다. 아내에게, 난 여기 좀 앉아 있을 테니 약국에 가서 복대를 좀 사다 달라 그랬다. 다 나아가는 줄 알고 안심하고 있던 아내는 사태의 심각함을 직감하고 약국으로 달려

갔다. 여기서는 영어도 잘 통하지 않는데 아내 혼자서 괜찮을까 싶었지만 그걸 헤아릴 처지가 아니었다. 꽤 시간이 지나서야 복대를 하나 사 들고 왔다. 잠시 말이 없던 아내 입에서 특단의 조치가 나왔다.

"이 여행 중단하고 그만 돌아갑시다."

실은 나도 여차하면 여행을 중단하고 돌아가야 하는 거 아닌가를 염려하고 있었지만, 우려할 만큼 심각한 것 아니니 걱정하지 말자고 해두었다.

허리에 관한 한 아내는 전문가 수준의 경력자라서 무엇보다 무거운 걸 들어서는 안 된다는 걸 잘 알고 있었다. 우선 짐부터 줄여야 한다며 최소한의 짐만 남기고 버리거나 우편으로 부쳐버리기로 했다. 옷가지며 잡다한 자료 뭉치들을 모아 우편으로 부칠 준비를 해서 한데 모아 놓고, 버려도 될 만한 것들을 분리해 놓고 보니, 원래 얼마 안 되던 짐이 다시 절반으로 줄었다. 잠시 밖에 나갈 때는 복대를 했고 가능한 한 일찍 숙소로 돌아와 침대에 누워 허리를 펴 주는 시간을 늘렸다. 복대를 하면서부터 불편하던 느낌도 몰라보게 나아졌고 엉거주춤하던 자세도 한결 좋아져 거의 정상으로 돌아왔다. 여행이 끝나갈 무렵에는 잠시 나갈 때는 복대를 하지 않아도 될 만큼 호전되었지만 만일에 대비해 계속 복대를 했다.

여행을 마치고 집에 돌아온 날은 토요일이었다. 주말을 지나고 월요일 아침 일찍 정형외과로 달려갔다. 침대에 누워 의사가 시키는 대로 다리를 들고 폈다 오므렸다, 이리저리 돌아누우며 몇 가지 자세를 취했으나 불편한 데는 없었다. 엑스레이 사진을 걸어 놓고 설명해 주기를 허리뼈에 협착증이 약간 진행되고 있다고 했다.

내가 이해하기로, 척추의 마디마다 나온 신경다발은 양쪽으로 허리, 엉덩이 그리고 다리로 퍼져 내려간다. 협착이 생긴 곳에 신경이 눌리면 척추가 아픈 게 아니라 거기서 나온 신경다발로 전달되어 엉덩이나 허리, 다리 쪽이 저리거나 통증이 생긴다. 그러니 이번에 탈이 난 건 근육이 잘못되었거나 뼈를 다친 게 아니라 협착증으로 인해 나타나는 전형적인 증세였다. 자세가 엉거주춤하게 되었던 것도, 통증이 사라졌다가 다시 다른 쪽으로 옮겨가 그냥 근육통 같지 않은 통증이 생긴 것도 그 때문이었고, 복대를 하고부터 상태가 좋아졌던 것도 그게 엉덩이 위쪽에서 가슴 아래까지 협착 부위를 넓게 잘 감싸주었던 덕이었다.

협착증은 일종의 노화 현상인데 나처럼 예전에 뼈를 다친 경력이 있는 사람은 좀 일찍 발생하는 경우가 있지만 그래도 그간 잘 관리한 관계로 상당히 양호한 상태이니 운동으로 계속 잘 관리하는 게 좋겠다고 했다. 복대를 하고 여행을 계속하며 걸어준 것도 결과적으로 관리를 잘한 셈이었다. 내내 허리 때문에 긴장했지만 그래도 별 탈 없이 돌아왔으니 다행이다. 아내가 물었다. "그래, 그러고도 또 갈 거야?"

"당연하지. To be continued. (말이라고~)"

여행은 사실 고생이지

1판 1쇄 인쇄 2021년 6월 18일
1판 1쇄 발행 2021년 6월 25일

지은이   정기호

펴낸이   신동렬
책임편집   구남희
편집   현상철 · 신철호
디자인   심심거리프레스
마케팅   박정수 · 김지현

펴낸곳   성균관대학교 출판부
등록   1975년 5월 21일 제1975-9호
주소   03063 서울특별시 종로구 성균관로 25-2
전화   02)760-1253~4
팩스   02)760-7452
홈페이지   http://press.skku.edu/

ISBN   979-11-5550-431-4 03920